TRAITÉ

DE LA

FORMATION DES MOTS

DANS

LA LANGUE LATINE.

OUVRAGE DU MÊME AUTEUR

qui se trouve chez les mêmes Libraires :

LE

NOMENCLATEUR GREC,

OU

LES RACINES GRECQUES RANGÉES DANS UN ORDRE MÉTHODIQUE.

Un vol. in-12, broché, 1 fr. 75 c.

Tous les exemplaires sont revêtus de la signature ci-dessous.

Imprimerie Doudey-Dupré, rue Saint-Louis, 46, au Marais.

TRAITÉ

DE LA

FORMATION DES MOTS

DANS

LA LANGUE LATINE,

SUIVI

DE NOTES SUR L'UNITÉ DE LA DÉCLINAISON ET DE LA CONJUGAISON LATINES, SUR LE DIGAMMA LATIN, ETC.,

PAR A. CHANSSELLE,

PROFESSEUR AU COLLÈGE ROYAL DE BOURGES.

En modifiant les lettres radicales et en ajoutant aux racines des syllabes dérivatives, on forme des mots dérivés de diverses espèces et des dérivés de dérivés; on compose des mots de plusieurs racines pour exprimer les idées complexes.

W. SCHLEGEL, *Observations sur la langue et la littérature provençales.*

PARIS.

LIBRAIRIE CLASSIQUE DE L. HACHETTE,

RUE PIERRE-SARRAZIN, 12;

J. DELALAIN ET Ce, RUE DES MATHURINS, 5;

DEZOBRY, MAGDELEINE ET Cr, RUE DES MAÇONS-SORBONNE, 1;

BELIN-MANDAR, RUE CHRISTINE, 5.

1843

Si nous voulions faire une préface, nous chercherions à prouver l'importance des mots dans les langues, la nécessité d'étudier méthodiquement celles-ci jusque dans leur vocabulaire, les avantages de cette étude et les inconvénients de la routine. Mais, tous ces sujets étant hors de contestation, nous nous bornerons à dire quelques mots de notre opuscule.

En le composant, nous avons eu en vue deux sortes de lecteurs, — ceux qui, sachant la langue latine, peuvent aimer à trouver leurs propres connaissances réunies et groupées d'une manière systématique dans un manuel court et simple, — ceux qui, apprenant la langue, désirent en prendre une connaissance plus approfondie par l'étude raisonnée de sa nomenclature. Placé à ce point de vue, nous avons dû nous abstenir de faire étalage d'une vaine érudition, inutile aux uns comme aux autres, et nous renfermer dans la limite qui sépare un ouvrage de science d'un livre tout élémentaire. A la vérité cette situation n'est pas sans danger, car on y risque d'en dire trop ou trop peu. Nous ne nous flattons pas d'avoir toujours évité ce double écueil ; nous croyons cependant avoir été, en général, sans cesser d'être simple, assez explicite et avoir assez multiplié les exemples pour mettre un lecteur intelligent à même de faire d'autres applications. C'est ce besoin de simplicité qui nous a fait rejeter dans des notes placées à la fin de l'ouvrage certaines notions, certaines théories plus ou moins hardies et contestables qui ne portent pas le cachet de l'utilité pratique, et qu'on peut, si on ne les adopte pas, laisser de côté sans inconvénient, puisque l'ouvrage en est indépendant.

A ceux qui nous blâmeraient d'avoir parlé des déclinaisons et des conjugaisons, nous répondrions qu'elles font partie intégrante d'un traité complet de la formation des mots latins, et qu'ainsi ce sujet entrait dans notre cadre. Cependant, omettant tout ce qui était purement lexigraphique, nous nous sommes borné à des notions dont les grammaires parlent peu ou même ne parlent pas du tout.

Peut-être aussi quelques personnes regretteront l'absence de certains développements philologiques que le sujet comportait et semblait réclamer. Mais, outre qu'il faut bien se borner, nous n'avons pas eu la prétention d'écrire pour les savants, et nous ne pouvions nous imposer la loi de donner la dernière raison de tous les mots cités en exemple. Au reste, un nouvel ouvrage, actuellement terminé, ne tardera pas à donner à celui-ci un complément d'un ordre plus élevé.

NOTA. L'astérisque (*) placé à la suite d'un mot, désigne une forme vieillie et perdue.

TABLE DES MATIÈRES.

SECTION SECONDE.

TROISIÈME PARTIE.

TRAITÉ

DE LA

FORMATION DES MOTS

DANS

LA LANGUE LATINE.

NOTIONS PRÉLIMINAIRES.

§ Ier. DES MOTS VARIABLES ET DES MOTS INVARIABLES.

1. — La division la plus générale des différentes espèces de mots est celle qui les répartit en deux grandes classes, les mots *variables* et les mots *invariables*, division fondée sur la nature même des choses. En effet, les mots représentent ou les êtres, leurs modifications diverses et les jugements que nous en portons; — ou les rapports de ces mêmes objets entre eux, et ceux qu'ont entre elles les propositions qui expriment les jugements que nous prononçons sur eux.

2. — Les mots de la première classe sont 1° le NOM, qui représente les êtres; 2° le VERBE, qui représente leurs qualités comme existant actuellement dans ces êtres; 3° l'ADJECTIF, qui, isolé, exprime aussi ces qualités d'une manière abstraite sans affirmer leur existence actuelle dans les objets; mais qui, réuni à un nom qu'il qualifie, ne diffère en réalité du verbe que par la forme, car il

n'est qu'un verbe incomplet; 4° l'ARTICLE ou adjectif déterminatif de toute espèce, qui étend ou restreint la signification des noms communs.

3. — De ces quatre espèces de mots, la principale est le nom, qui les domine toutes, pour qui toutes les autres sont faites, dont elles dépendent étroitement, dépendance qui leur fait subir des variations analogues à celles du nom, et suivre, pour ainsi dire, sa fortune. C'est donc pour s'identifier avec le nom que les autres mots prennent tant de formes différentes.

4. — Les changements de formes, toutes relatives, que revêtent les noms et, avec eux, les autres mots variables, sont destinés à exprimer les situations diverses où se trouvent les êtres représentés par les noms, et les rapports que ces positions établissent entre eux. Ces mutations sont de deux sortes : la première, celle des inflexions que suivent le nom et son annexe, l'adjectif, soit qualificatif, soit déterminatif (*article*), soit verbal (*participe*), prend le nom de *déclinaison*; la seconde, celle des inflexions que subit le verbe, se nomme *conjugaison*.

5. — Dans tout mot variable il y a donc deux parties distinctes : le corps du mot, que nous nommerons *radical*; et l'*inflexion*, *terminaison* ou *désinence*, soit déclinative, soit conjugative. Sauf un petit nombre d'exceptions dues à des causes connues, tout mot significatif, c'est-à-dire exprimant des idées de choses ou de qualités, est en latin accompagné d'une désinence déclinative ou conjugative.

6. — La seconde classe de mots se compose de ceux qui, exprimant des rapports, soit entre les mots significatifs ou réels, soit entre les propositions, ne sont pas susceptibles de variations. Ce sont les *prépositions* et les *conjonctions*, qui, à proprement parler, ne sont pas des mots, au moins dans le même sens que le nom, l'adjectif

et le verbe, dont ils diffèrent essentiellement. Les prépositions ne sont pas plus des mots que les terminaisons déclinatives avec lesquelles elles sont identiques, puisqu'elles expriment des rapports de même nature. Les conjonctions, exprimant les rapports des propositions entre elles, doivent être assimilées aux modes personnels des verbes, car les modes sont aux verbes ce que les cas sont aux noms. Aussi les unes et les autres n'ont-elles été inventées que postérieurement aux cas et aux modes, et ne sont-elles employées en concurrence avec eux que lorsque ceux-ci sont insuffisants pour rendre les rapports d'une manière claire et précise. C'est alors que les premières sont appelées et viennent au secours des secondes. Ainsi donc, quoique les prépositions et les conjonctions soient détachées des autres mots dans le discours, elles n'en ont pas plus pour cela une existence indépendante. Ainsi *ad*, *per*, *sub*, *quàm*, *dùm*, *si*, etc., sont des signes de rapports généraux, mais n'ont pas de sens, isolés des deux termes du rapport dont elles sont l'exposant.

7. — Les adverbes d'affirmation, de négation, de temps et autres semblables, ne sont que des formules abrégées, inventées pour la commodité et la brièveté du discours, mais qui ne rentrent dans aucune des classes précédentes sans en faire une distincte.

8. — L'*interjection*, source et principe du langage à son origine, n'est pas un mot, car les mots expriment des idées, et elle exprime des sentiments de l'âme. Jet spontané de la nature, elle n'est susceptible d'aucune analyse ni modification, quoiqu'elle puisse être et soit en effet la clef de quelques expressions onomatopéiques.

9. — Il n'est pas ici question de l'adverbe qualificatif, dédoublement fixe de l'adjectif avec lequel il se confond dans certaines langues, sans être cependant tout à fait identique.

10. — Les mots se divisent donc comme il suit :

1° Signes de choses :

NOM { de personnes (*pronoms personnels*).
de choses (*substantifs*).

2° Signes de qualités.

ADJECTIF { qualificatif.
déterminatif (*articles*, *numératifs*).
adverbe de qualité

VERBE.

3° Signes de rapports.

PRÉPOSITION. — CONJONCTION.

4° PARTICULES, ou adverbes de temps, de lieu, d'affirmation, de négation, etc. ; formules elliptiques.

§ II. DES RACINES, DE LEUR NATURE ET DE LEURS FORMES DANS LA LANGUE LATINE.

11. — A. *Nature des racines.* — Doué d'intelligence et de la faculté d'attacher à ses idées des signes pour les représenter; pourvu d'ailleurs d'organes pour parler, l'homme parle en vertu de son organisation. Le langage est donc pour l'homme une conséquence nécessaire de sa nature, comme toutes ses autres fonctions physiques, et lui est tout aussi naturel. On ne doit pas en conclure cependant que tout est arbitraire dans le langage, le fruit de la convention. Le fondement en a été posé par la nature elle-même, qui en a fourni les premiers éléments et donné les premières leçons. Ces éléments, ouvrage de la nature, résultent pour l'homme de l'étroite connexité qui règne entre le monde physique et le monde moral d'une part, et les organes de l'homme de l'autre, connexité qui rend forcé pour lui l'emploi de certains effets de voix pour représenter certaines affections, certaines idées générales.

Tel est le fondement sur lequel l'homme a bâti l'édifice de son langage; les détails seuls sont de son choix, là seulement commence la variété; le fonds véritable est commun et immuable comme la nature qui l'a donné : « C'est l'unité constante variée à l'infini », comme dit Gœthe.

12. — Tout mot présente une syllabe prédominante qui en est l'âme, qui lui donne la vie, sans laquelle il n'aurait aucun sens; syllabe pour ainsi dire centrale, autour de laquelle viennent se grouper divers éléments pour former un mot plus ou moins complexe selon le nombre de ces éléments. Cette syllabe s'appelle RACINE, parce que souvent elle donne naissance à une foule de mots, comme à autant de rejetons. — Soient les mots *impermeabilitas*, *conjugativus*, *pertransivimus* : ils offrent les racines *me*, *jug*, *i*, qui signifient respectivement *passage*, *jonction*, *marche.* Ces syllabes sont la base des trois mots cités; qu'on les supprime, le reste n'aura plus aucun sens. On voit donc la haute importance de ces syllabes.

13. — Les racines ne sont pas des mots usités dans le langage, jouissant d'une existence individuelle et indépendante. Ce ne sont ni des noms, ni des verbes, ni des adjectifs; mais des syllabes représentant des idées générales, et qui, pour passer à l'état de mots usuels, ont besoin d'un signe quelconque, par exemple, d'une terminaison qui leur donne une forme spécificative et particulière, forme qui en fera soit le nom d'un être, soit le signe d'une action, d'une modification, etc. : semblables à ces rondelles de métal qui, pour devenir des pièces de monnaie ayant cours, doivent porter une empreinte légale qui leur donne une valeur monétaire, les racines ont besoin de ce cachet indispensable pour devenir des mots servant à l'expression de la pensée. Les racines ont donc une valeur tout à fait générale et abstraite. Si donc on les traduit par des noms, des verbes ou des adjectifs, ce n'est

pas qu'elles soient des adjectifs, des verbes ou des noms; mais c'est faute de termes plus généraux qui manquent à la langue.

14. — B. *Formes des racines.* — Les racines primitives sont MONOSYLLABIQUES et BRÈVES.

15. — La monosyllabilité des racines est aujourd'hui reconnue pour toutes les langues : donc toute forme radicale ayant plus d'une syllabe n'est point une racine primitive, mais une forme secondaire et dérivée. — Cependant tout monosyllabe n'est pas racine. Différentes altérations et contractions ont pu réduire un polysyllabe à la forme monosyllabique. De plus, un grand nombre de monosyllabes présentent la réunion d'une racine et de parties accessoires. Tels sont *ars*, *mors*, *fors*, *pons*, *fons*, *mens*, etc.

16. — Quant au principe de la brièveté des racines, il est loin, en apparence du moins, d'être aussi absolu que celui de la monosyllabilité. Il admet au contraire un certain nombre d'exceptions dues à diverses causes, au premier rang desquelles figure la dérivation. Telles sont les racines usuelles *lāb*, *vēn*, *cūr*, *cæd*, *pœn*, *pūn*, *līb*, etc. Mais toutes ces racines, représentant des idées dérivées, sont issues de formes plus simples, et ne sont nullement primitives. Au reste, la brièveté des racines étant quelque chose de si fugitif par elle-même, surtout dans une langue mixte comme la langue latine, n'est peut-être pas susceptible de s'élever à la hauteur d'un principe absolu. Nous admettrons donc, sans autre discussion, quelques racines *usuelles* longues, faute de pouvoir remonter toujours à la forme primitive, ce qui n'infirme en rien le principe général, ni ce fait que l'allongement d'une racine brève est, dans une foule de cas, l'effet et l'indice d'une idée dérivée, d'où l'on peut conclure pour les autres.

17. — Les racines usuelles de la langue latine présentent :

1° Une voyelle simple : **e**, **i**. Cette forme est très-rare, et les deux citées sont peut-être les seules de la langue (1). — Cette forme si simple n'est pourtant pas primitive ; mais l'adoucissement progressif du langage l'a dépouillée de la consonne ou au moins de l'aspiration qui, dans le principe, commençait la syllabe. En effet, les consonnes seules sont significatives et représentent les idées logiques, tandis que les voyelles expriment des modifications grammaticales. Ainsi, nulle racine primitive ne commence par une voyelle ; et, s'il y en a de telles, c'est qu'elles ont perdu leur consonne ou aspiration initiale, ou reçu devant elles une voyelle euphonique. Cette observation s'applique aussi au n° 3°.

2° Une consonne suivie d'une voyelle : **da**, **ru**, **su**, **fa**, **fu**, **tu**. — C'est la véritable forme des racines élémentaires primitives.

3° Une consonne précédée d'une voyelle : **ac**, **ag**, **am**, **em**, **ed**, **es**, **op**, **ap**.

Remarque. La voyelle qui précède ou suit la consonne lui est étrangère à proprement parler, et ne sert qu'à lui donner du corps, à la rendre susceptible d'être prononcée. Du reste, étant très-variable, elle ne mérite qu'une attention médiocre, quoique souvent elle fixe le sens usuel de la racine ; il n'y a de vraiment radical que la consonne ou les consonnes qui constituent, pour ainsi dire, la charpente des racines. Les voyelles changent ou disparaissent, les consonnes restent ou ne subissent que des changements euphoniques renfermés dans le cercle étroit des articulations homorganiques.

4° Deux consonnes séparées par une voyelle : **fac**,

(1) En effet, les racines des mots *ā-mes*, *ā-mentum*, *ap*-lier, *ex-ā-men*, *ag*/conduire, *ō-men* pour *os-men*, etc., sont tronquées, et leur simplicité n'est qu'apparente.

dic, doc, duc, sal, tol, sec, val. — Cette forme est la plus ordinaire.

5° Deux consonnes suivies d'une voyelle : **sta, ple, fla, fle, flu, cre, pri, fri, tri.** — Cette forme n'est déjà plus simple, et n'a d'essentiel que ses deux consonnes, jadis séparées par une voyelle qui a disparu, ou qui s'est déplacée. Cette forme revient à la précédente, et la voyelle finale est une addition dont il sera question ailleurs.

6° Deux consonnes précédées d'une voyelle transposée : **ard, ord, arc, orb, urg, opt.**

7° Deux consonnes, une voyelle et une autre consonne : **cruc, grac, fric, plic, prec, pret, frag, scad, scab, stud, stig.** — Ce type est réductible, attendu qu'une consonne, quelquefois la dernière, le plus souvent la première, n'est qu'une lettre formative, destinée soit à diversifier les racines en les individualisant, soit à les rendre plus harmonieuses. Cette observation s'applique aussi à la forme suivante.

8° Une consonne suivie d'une voyelle et de deux consonnes : **fulg, hirs, calc, mulg, torp, terg, vert.**

9° Une forme encore plus chargée : **strig, struc, splend.** — Ce *s* préfixé, ajouté pour l'effet général du mot, se rencontre sans cesse dans le latin et dans les autres langues congénères.

10° Quelques formes se nasalent, c'est-à-dire intercalent *n* ou *m* devant une consonne labiale : **pe*n*d, ma*n*d, ta*n*g, te*m*p, cu*m*b, ru*m*p.**

11° Une forme très-commune offre une consonne, une voyelle et une autre consonne redoublée : **call, fall, curr, pell**, etc. Quelquefois cette consonne est doublée par un usage vicieux ; car, comme dit Festus, *antiqui non geminabant consonantes litteras;* quelquefois ce redoublement provient de consonnes différentes assimilées.

Pour terminer, nous ajouterons que les racines vraiment primitives n'admettent pas, 1° les syllabes longues de nature (1), comme on dit, *lāb-es*, *lāb-or*, *vēn-or*, *fūr-ari;* 2° ni les diphthongues, *pœn-a*, *cæd-o*, *læd-o;* 3° ni les consonnes redoublées, *pall-eo*, *call-eo*, *curr-o*, *foll-is;* 4° ni les formes nasalées, *pand-o*, *pung-o*.

18. — *Différence entre la racine et le radical.* — Comme ces mots, qui reviendront souvent dans le cours de cet ouvrage, sont souvent employés l'un pour l'autre dans le langage ordinaire, nous devons dire le sens que nous leur donnerons toujours. La *racine* est la partie significative du mot, sans laquelle il serait dépourvu de sens. Par *radical* nous entendons toujours ce qui reste d'un mot quand on en a séparé la terminaison déclinative ou conjugative, quelsque soient d'ailleurs le nombre et la variété des parties accessoires jointes à la racine. Ainsi dans *avarus*, *avaritiam*, *dominos*, *fertilis*, les racines sont **av** désir, **dom** puissance, **fer** porter, et les radicaux *avaru*, *avaritia*, *domino*, *fertili*. Dans *imparatus*, *consuetudinis*, les racines sont **par** préparer, **suc** accoutumer, et les radicaux *imparatu* et *consuetudin*.

§ III. DE LA DÉRIVATION OU FORMATION DES MOTS. — DES AFFIXES.

19. — Les langues ne sont composées que de mots, et les racines, telles que nous venons de les voir, ne sont pas des

(1) Il n'y a pas de syllabe longue de nature; la syllabe primitive est brève, et devient longue par une cause patente ou latente. Les mots cités expriment des idées non primitives, mais dérivées, donc leurs formes doivent l'être également.

mots, mais les embryons, les éléments rudimentaires des mots, de simples clefs, signes d'idées générales et abstraites. Les racines n'existent donc pas dans les langues à l'état d'abstraction. En effet, le langage ne roule pas sur de vagues abstractions, mais sur des objets individuels, et se compose par conséquent d'idées plus ou moins spéciales, plus ou moins restreintes, qui ne sont autres que les idées générales elles-mêmes resserrées et modifiées. Les racines, pour passer à l'état de mots, pour exprimer des idées particulières, individuelles, ont donc besoin de recevoir des modifications analogues à celles des idées elles-mêmes. En effet, l'idée générale représentée par la racine venant à se composer de diverses idées accessoires, il faut bien que ce développement de l'idée se manifeste et se traduise aussi dans le langage par des signes correspondants. Il y a donc ici deux choses à distinguer, quoiqu'elles soient indivisiblement unies, la modification de l'idée et la modification du signe qui la représente. Cette double modification s'appelle *dérivation*. Il existe donc une dérivation simultanée de l'idée et du mot, ou une dérivation logique et une dérivation grammaticale.

20. — En logique, une idée dérivée se forme dès qu'un nouvel élément, un nouvel attribut vient se joindre à la somme des éléments, des attributs qui composent une autre idée plus générale, en augmentant ainsi sa *compréhension*, c'est-à-dire la réunion des idées particulières qui forment cette idée, et en diminuant son *extension* ou le nombre des êtres auxquels elle convient. Plus est grand le nombre de ces idées accessoires qui se joignent à une idée générale, et plus sa signification se restreint, se spécialise, se précise, et moindre est le nombre des objets auxquels elle peut s'appliquer, jusqu'à ce qu'elle arrive à l'individu, dernier terme possible du développement.

21. — En grammaire, au développement successif de l'idée correspond un développement pareil du signe parlé ou mot, et la dérivation de l'une entraîne la dérivation parallèle de l'autre. Ces modifications de l'idée sont de deux sortes; ou bien elles sont imprévues, peu usuelles, ou bien au contraire elles sont d'un emploi fréquent, susceptibles de revenir sans cesse dans le discours, comme les notions de sexe, de nombre, de positions ou rapports physiques, de temps, de personnes, de modes, comme les modifications qui désignent l'action, celui ou celle qui la fait, l'instrument qui sert à la faire, le lieu où elle se fait, la qualité de cette action, le plus ou le moins de cette qualité, etc.

22. — Pour les modifications fortuites et imprévues, toutes les langues les expriment par des mots distincts et séparés, ce qui donne lieu à la syntaxe de dépendance. Quant aux idées accessoires, modificatives, qui reviennent sans cesse dans le discours, deux procédés s'offrent également pour les exprimer; ou, comme dans le premier cas, l'emploi de mots distincts, mais très-courts, monosyllabes par exemple; ou bien, ce qui est encore plus expéditif, l'application à cet usage de certaines syllabes, qui, se réunissant d'après des lois fixes, produisent un effet identique. Le second procédé ne diffère pas beaucoup de l'autre, peut-être même n'en est-il qu'une simplification amenée par l'usage, qui aura réduit ces signes au plus petit volume possible, afin d'abréger l'expression de la pensée.

23. — La dérivation, telle que nous venons de la décrire, est donc la formation des mots en prenant pour base une racine, signe d'une idée générale, à laquelle on ajoute des syllabes accessoires destinées à la modifier. Mais elle peut aussi se faire à l'intérieur de la racine même. Il y a donc deux sortes de dérivation, a dériva-

tion *intérieure*, manifestée dans les mots par une modification intérieure de la racine, et la dérivation *extérieure*, produite par la préaddition ou la postaddition à la racine de parties accessoires ayant pour but de la modifier et de la déterminer.

24. — Ces parties accessoires se nomment *affixes* (1), et sont de deux sortes, les *suffixes* et les *préfixes*. Les suffixes sont toutes les syllabes placées à la suite de la racine pour la modifier. Les préfixes sont les mots de toute espèce mis devant la racine pour la déterminer.

25. — Il résulte de ce qui précède, 1° que tout mot, par cela seul qu'il est mot, est une expression dérivée, fût-il, par une cause quelconque, réduit à une racine simple et nue; c'est alors, à défaut de signe extérieur, l'emploi de cette racine comme mot, qui fait la dérivation en lui donnant une valeur restreinte; 2° que même un mot composé, comme on dit, est également un mot dérivé, non-seulement parce qu'il a au moins un suffixe, c'est-à-dire un signe de dérivation, mais de plus parce que le préfixe ou mot déterminant qui entre comme élément dans sa formation, n'est lui-même qu'un moyen de dérivation. Ainsi, un mot formé par de simples suffixes est un dérivé à racine unique, un mot composé est un dérivé à racine multiple : voilà toute la différence.

26. — Cette doctrine sort du fond même du sujet; cependant, pour nous conformer à l'usage, nous réserverons exclusivement le terme de *dérivé* pour les mots

(1) Du latin *affixus*, attaché à; *suffixus*, *præfixus*, attaché après, avant. — Les grammaires de certaines langues appellent affixes, ce que nous nommons ici suffixes; mais outre que les termes de préfixes et de suffixes sont aujourd'hui consacrés par l'usage, celui d'affixes, comme plus général, peut être pris comme genre relativement aux deux autres.

formés par les seuls suffixes, et le terme de *composé* pour les mots qui reçoivent des préfixes, c'est-à-dire dont le mot principal est déterminé par un mot antécédent. De même nous donnerons le nom de *préfixes* aux mots invariables (prépositions, adverbes et particules).

Nous diviserons cet ouvrage en trois parties, 1° *dérivation intérieure*, 2° *dérivation extérieure*, 3° *modifications* que subissent les mots.

PREMIÈRE PARTIE.

DÉRIVATION INTÉRIEURE

OU FORMATION DES MOTS PAR UNE MODIFICATION INTÉRIEURE DE LA RACINE.

---

27. — La racine ne peut être modifiée intérieurement que de deux manières, sous le rapport de la *quantité* ou de la *qualité*, c'est-à-dire du son. Souvent ces modifications ont lieu à la fois.

CHAPITRE PREMIER.

DÉRIVATION INTÉRIEURE PAR ALLONGEMENT DE LA VOYELLE RADICALE. — FORMATION DES VOYELLES LONGUES ET DES DIPHTHONGUES.

28. — Comme il a été dit plus haut (14), la voyelle radicale est brève dans toute racine primitive, c'est-à-dire exprime une idée simple et primitive; « et tout mot ayant une voyelle radicale longue, par cela seul n'est pas un mot primitif, mais un mot dérivé. Par conséquent, pour indiquer qu'un mot est dérivé, il a suffi de donner à sa forme grammaticale une voyelle longue. Tel est en effet le moyen dont la grammaire s'est servie pour former des mots dérivés. » (F. G. Bergmann, *Théorie de la quantité prosodique.*) C'est effectivement ce que prouvent un grand nombre d'exemples dont nous citerons quelques-uns; mais auparavant il est à propos de dire quelques mots sur la formation des diphthongues et des voyelles longues.

29. — Une diphthongue n'est pas la réunion fortuite de deux voyelles quelconques, mais de deux voyelles qui peuvent se prononcer d'une seule émission de voix. Or il

y a trois sons simples primitifs *ă*, *ĭ*, *ŭ*, dont les diphthongues et les voyelles longues ne sont que des allongements divers. On forme celles-ci en mettant *ă* bref devant *ă*, *ĭ* et *ŭ*, ce qui donne *ā* (*aa*), *ai*, *au*. Mais à côté de *a* il y a encore *e* et *o*, qui ne sont que *a* affaibli, et qui, se réunissant comme lui aux sons primitifs, forment les combinaisons *ea*, *ei*, *eu*, *oa*, *oe*, *ou*, variantes de *ā*, *ai*, *au*. De plus, à *e* et *o*, on pourrait joindre aussi *u* lui-même, qui, dans certains cas, a remplacé *ŏ* et par conséquent *ă* primitif; ce qui donnerait une nouvelle série *ua*, *ui*, *uu*. Mais toutes ces combinaisons, non plus que les inverses de *i* et de *u* avec *a*, *e*, *o* (*ia*, *ie*, *io*, *ua*, *ue*, *uo*) ne sont pas des diphthongues, et sont d'ailleurs inusitées pour la plupart. Il faut donc distinguer les diphthongues propres des diphthongoïdes ou réunions de voyelles qui ne peuvent se prononcer d'une seule émission de voix. Quand le hasard réunit leurs éléments, ou il se fait une contraction dans laquelle la première voyelle l'emporte en s'allongeant (*cŏ-ăgo*, *cōgo*), ou elles restent toutes deux juxtaposées (*moneo*, *statuo*), ou la première disparaît (*amo* pour *amao*), ou la seconde (*puppes* p. *puppi-es*, *servi* p. *servo-i*).

30. — Les vraies diphthongues latines sont donc *ā* (*aa*), *ai*, *au*, *ei*, *oi*, *ou*. Mais plusieurs même, en se modifiant, ont disparu; c'est ainsi que dans *ai* et *oi*, la substitution de *e* à *i*, jugé trop sonore, a formé *ae*, *oe*, puis *æ* et *œ*, et même cette dernière a été dans le plus grand nombre de cas remplacée par *ū* (*pœna*, *punio*, *cœra*, *cura*); de plus, le latin, obéissant à son aversion prononcée pour les diphthongues, dont le système est par suite incomplet et irrégulier, préfère souvent les remplacer par les voyelles simples, qu'il se contente d'allonger en les conservant. C'est ainsi que *æ* (*ai*) est souvent remplacé par *i*, *au* par *ō*, et *ū* et *ou* par *u* (prononcez *ou*).

TABLEAU *des diphthongues et des voyelles longues.*

VOY. SIMP.	DIPHTH., VOY. LONGUES.	DEVANT UNE VOYELLE.
a	**ā** (*aa*)	
e	**ae æ ē** (*ee*)	
o	**oe œ, ū**	
i	**ai ei oi, ē** (*ai ei*) **i**	**aj ej oj** (*aii eii oii*) **iv.**
u	**au eu ou, ō ū**	**av ev ov uv.**

Ce tableau donne la clef de tous les changements de sons qui ont lieu dans les mots par le fait de la dérivation. Il n'y aurait plus, pour compléter ceci, qu'à suivre les diphthongues dans tous les cas où elles se présentent, soit au commencement, soit au milieu, soit à la fin des mots; mais ce détail trop étendu nous entraînerait hors des limites de cet ouvrage élémentaire. Ce qui précède suffit pour remonter à la forme primitive des mots.

31. — Citons maintenant quelques mots dérivés où la voyelle radicale est allongée par la dérivation : (*ăceo*, *ăcuo*) *ācer* vif : (*călim*, *căliendrum*) *cāligo* brouillard : (*căro*, *căreo*) *cārex* jonc anguleux : (*cŭlo*, *occŭlo*) *cūleus* sac : *cŭtio* frapper, *cūdo* frapper : (*cio*, *concio* assemblée) *cīvis* citoyen : *cĭ* piquer, *cīmex* punaise : *căn* éclater, (*căno*, *cănis* chien) *cānus* blanc, éclatant, à moins qu'il ne soit pour *cas-nus*, cf. *casnar* vieillard : (*dĭcis causā*, *indĭco*, *judĭcis*) *dīco* dire : (*dux dŭcis*) *dūco* conduire : *fĭd-es*, *fīdo fīdus* : (*frăgor*) *frāgus* et *suffrāgo* jarret : (*flăgrum*) *plāga* coup, *flāgito* solliciter : (*hŭ-mus*) *hūber* puis *ūber* fertile et mamelle : (*jŭg-um*) *jūgis* perpétuel, *jūges*, *jūgerum* : (*măc-er* long, maigre) *mācero* : *mŏl-us** *-eris*, *μῶλος*, *mōles* : *mŏra* lien, *mōs mōris* coutume, lien moral? (*pă-ter*) *pānis*, *pābulum* : (*pu-pŭ-gi*) *pūgio* poignard : (*părio păro*) *pāreo* paraître, obéir : (*prĕc-or*

parler, prier) *prēco* hérault : *plăc-co, -idus, plăco* apaiser : *pŭt-ris* pourri, *pūteo* puer : *rĕgo* diriger, *rēgula rēgis rēgina* : *sĕc-o* couper, *sēculum sēcus = sexus* : *sĕd-eo, sēdare, sēdes, sēdulus* : (*săgio săgax săgitta*) *sāgus* devin qui pénètre l'avenir : (*sĕr-o* lier, *sĕries*) *sērus sērius* : *tĕg-o tēgula* tuile : (*tŭ-mor*) *tūber* bosse : (*vĭr vĭra vĭridis*) *vīres* : *vŏc-o* appeler, *vōcis*, etc.

32. — Les verbes offrent aussi un grand nombre d'exemples de formes secondaires allongées : *vĕnio vēni, vĭdeo vīdi, fŭgio fūgi, ĕmo ēmi, ĕdo ēdi, fŏdio fōdi, lĕgo lēgi*, etc. Mais peut-être la dérivation n'est-elle pas la cause immédiate de cet allongement, que l'on peut aussi considérer comme dû à la compensation. En effet, dans l'origine, tous les verbes latins avaient au parfait un redoublement qui s'est perdu dans la plupart ; or c'est sans doute cette perte qu'est destiné à compenser, au moins dans le plus grand nombre de cas, l'allongement en question. Ainsi *vēni vīdi fōdi* représenteraient *vĕvĕni vĕvĭdi fĕfŏdi*.

33. — Quoi qu'il en soit, les exemples cités, dont cependant quelques-uns sont contestables, suffisent pour prouver que la dérivation allonge souvent la syllabe radicale, et pour en conclure légitimement que tout mot dont la racine est longue est dérivé. Cependant il y a beaucoup de formes dérivées qui conservent la brièveté originelle de leur racine ; c'est sans doute parce que la dérivation se manifeste d'une autre manière, comme par l'addition de syllabes préfixées ou suffixées, par exemple dans les verbes, un redoublement avant ou une voyelle après la racine : *părio pepĕri, răpio răpui*, etc.

34. — Avec l'allongement dû à la dérivation, il ne faut pas confondre celui qui résulte de la *contraction* de deux voyelles, de la *position* et de la *nasalation*, qui allongent aussi la syllabe radicale, mais non de la même manière.

CHAPITRE II.

DÉRIVATION INTÉRIEURE PAR LE CHANGEMENT DE LA VOYELLE RADICALE.

35. — La dérivation s'annonce non-seulement par l'allongement de la racine, mais assez souvent encore par le changement de la voyelle radicale ; alors un son est substitué à un autre son, et de plus, ce qui est l'objet de l'article précédent, une voyelle longue ou une diphthongue à la voyelle brève primitive. Peut-être ce changement ne doit-il pas toujours être attribué à la seule dérivation, mais à d'autres causes. — Quelquefois on est obligé de supposer d'après l'analogie la racine primitive qui a disparu. Voici quelques exemples :

Fero porter, *forum*, *fors*, *fortuna*, et probablement *fur* et *furca* ; *ferio* frapper, *forus* lieu où l'on écrase le raisin ; *fero** *fer-veo* être chaud, *forvus*, *formus*, *forma*, *forceps*, *fornax*, *furnus* ; *sero* lier, *sors* ; *pero** traverser, transporter, *porta*, *porto*, *portus*, *porticus* ; *preco** parler, *prĕcor*, *prēco* ou *præco*, *procus*, *proco* ; *pendo* attacher, suspendre, peser, *pondo*, *pondus* ; *tego* couvrir, *toga*, *tugurium* ; *peto* marcher, *pons* passage, pont? ; *mero** diviser, *morior*, *mors* ; *tero** tourner, d'où *teres*, *torus*, *torvus*, *torqueo*, *turpis* ; *tero** sécher, chauffer (*tergo* τέρσω) *torus* sec, *torreo* *torris* ; *medo** mesurer, ranger (*medeor*) *modus* ; *capio*, *cēpi*, *cupio*, *occupo* ; *pello*, *pepuli* ; *tago** *tango* toucher, *tetigi*, *manutigium*, *contiguus* ; *cado* *cædo*, *cecĭdi* *cecīdi* ; *pago** *pango* assembler, *pēgi* *pepĭgi* ; *halo* *an-hēlus* ; *dĕmo** δέμω lier, assembler, *domus* *tomex* ; *cero** couper, diviser, d'où *cerno*, *corium*, *cæra** *cura* ; *peno** travailler (πένω *penu*) *pœna* *punio*? etc. (358).

DEUXIÈME PARTIE.

DÉRIVATION EXTÉRIEURE PAR LES AFFIXES.

SECTION PREMIÈRE.

DÉRIVATION PAR LES SUFFIXES, OU DÉRIVATION PROPREMENT DITE.

36. — Tous les suffixes ont un but commun, celui de joindre à une racine donnée des modifications usuelles, en concentrant sous un petit volume un grand nombre de notions qu'il faudrait autrement exprimer par des mots distincts. Cependant il est indispensable d'admettre entre eux une division importante. Nous distinguerons les suffixes de *flexion* et les suffixes de *dérivation* proprement dite. Les premiers, complétement extérieurs, forment les mots variables : ce sont les suffixes *déclinatifs*, qui, exprimant les rapports de situation des êtres, s'appliquent aux noms et par analogie aux adjectifs; et les suffixes *conjugatifs*, qui joignent à une racine la notion de l'existence modifiée par les idées de temps, de modes, de nombres, de personnes, d'activité et de passivité. Les seconds, quand ils existent dans un mot, sont toujours placés entre la racine et le suffixe de flexion.

CHAPITRE PREMIER.

DÉRIVATION PAR LES SUFFIXES DE FLEXION.

37. — Les suffixes de flexion ne sont donc autre chose que les désinences déclinatives et conjugatives qui forment les mots variables, la première et la plus importante des deux grandes classes de mots que nous avons

reconnues. Nous n'entrerons pas à leur sujet dans les détails de lexigraphie connus par les grammaires.

ARTICLE PREMIER.

Des suffixes déclinatifs.

38. — I. *De la déclinaison et des cas.* — Dans la société comme dans la nature, les êtres ne sont pas isolés. Loin de là, placés dans un contact perpétuel, ils exercent les uns sur les autres une action incessante. Ils ont donc entre eux des rapports variables; leur situation change sans cesse, et avec elle leur influence réciproque. Le langage, fidèle miroir de la nature et de la société, dut refléter tous ces changements et être pourvu de moyens pour les exprimer. Il a donc dû, dès l'origine, indiquer par des signes particuliers, joints aux noms qui représentent les êtres, les variations qui s'opèrent dans la position respective de ceux-ci. Cette indication se fait par l'addition aux noms de désinences chargées de marquer ces situations diverses, et en même temps les notions de genre et de nombre, autres modifications qu'il n'est pas moins essentiel d'exprimer. La langue latine possède ce moyen, qui remonte à l'origine du langage, alors qu'il dut être et fut en effet synthétique au plus haut degré.

39. — Il y a donc dans tout nom et adjectif latin deux parties : 1° le thème ou radical, composé d'une racine exprimant une idée générale et terminée par une voyelle ordinairement chargée d'exprimer le genre; 2° le suffixe de flexion, qui ajoute au thème les notions de rapports ou de situations diverses. Ainsi **lup***u*-*s* loup, et **lup***a*-*m* louve, offrent une racine **lup** déchirer, une voyelle formative *u* et *a*, indiquant ici le sexe de l'animal, et formant avec la racine les noms *lupu* et *lupa;* enfin *s* et *m*,

signe du nominatif singulier masculin et de l'accusatif singulier féminin. Ce sont ces situations différentes des êtres qu'on nomme *cas*. On a étendu cette dénomination aux signes qui les représentent. — Le latin a six cas connus de tout le monde. Le nominatif s'appelle *cas droit* et les autres *cas obliques*, expression vicieuse qui ne vaut pas une explication, ainsi que celle de *déclinaison*, qui repose sur les mêmes idées.

40. — Il n'y a eu dans l'origine qu'une seule déclinaison ; la langue latine pouvait s'en contenter, mais elle a préféré la variété et s'en est donné cinq, qui ne sont que des modifications successives de la déclinaison primitive (note A). — Ce serait ici le lieu de donner le tableau des désinences déclinatives usuelles ; mais nous nous en abstiendrons parce qu'elles sont connues, et surtout parce qu'elles n'ont pour la plupart aucune réalité. En effet, dans *lupu-s* le nom est *lupu*, et *s* est la désinence qui varie avec le cas. Dans *rosă-m rosă* est le nom de la rose, et *rosă-m*, non *ros-am*, est ce même nom à l'accusatif singulier. Les terminaisons usuelles ne sont donc pas véritables ; il est même impossible de les présenter ainsi réunies, attendu qu'elles sont presque toutes ou entièrement perdues ou fondues avec la voyelle précédente.

41. — II. *Inflexions déclinatives de l'adjectif.* — Les désinences déclinatives ne devraient s'appliquer qu'aux noms. En effet, les êtres sont seuls susceptibles de changer de positions, changements auxquels répondent les formes variées qui composent la déclinaison. Ces variations, appliquées à l'adjectif, n'ont plus de sens, car la qualité abstraite qu'il exprime ne peut recevoir aucun des changements de situation qu'éprouvent les êtres signifiés par les noms. Ainsi l'adjectif devrait être invariable. Cependant le latin, avec la plupart des langues,

applique à l'adjectif les désinences déclinatives pour rendre sensible l'identité qui existe entre lui et le nom, ou plutôt entre l'objet et la qualité qu'il renferme, qualité qui n'est que l'objet lui-même sous un point de vue particulier. C'est une manière, sinon vraie, du moins heureuse, de rendre cette quasi-identité sensible en même temps à l'esprit, à l'œil et à l'oreille.

42. — III. *Valeur des cas dans la langue latine.* — L'emploi des cas faisant, sauf un petit nombre d'idiotismes, à peu près toute l'essence de la langue latine, il est de la plus haute importance d'en bien connaître la valeur. 1° Le *nominatif* indique toujours et exclusivement le sujet d'une proposition personnelle, actif ou passif. — 2° Le *génitif* désigne le rapport de dépendance, de propriété : c'est une dérivation métaphysique. — 3° Le *datif* exprime le rapport d'attribution, auquel se réunissent les rapports subordonnés d'identité, d'égalité, de ressemblance, de proximité, etc. — 3° L'*accusatif* représente toujours le terme vers lequel se dirige un mouvement physique ou moral, une action, une intention, une destination, en un mot, une tendance quelconque. Par une bizarrerie peut-être inexplicable, l'accusatif exprime aussi le sujet d'une proposition infinitive servant de sujet ou de complément à une autre proposition : c'est sans doute par l'impossibilité d'employer un autre cas. — 4° L'*ablatif*, malgré son nom qui lui assigne une valeur beaucoup trop restreinte, n'a pas de signification déterminée ; il sert à exprimer, seul ou avec des prépositions, une multitude de rapports différents et même opposés que ne peuvent exprimer le génitif, le datif et l'accusatif, dont l'emploi est plus précis. Cependant il exprime entre autres d'une manière peut-être plus spéciale, l'idée de séparation et de dérivation matérielle. — 6° Le *vocatif* désigne l'être à qui la parole est

adressée : c'est toujours le rôle de la deuxième personne. — C'est à l'emploi des cas que le latin doit sa physionomie de langue transpositive, faculté qui fait du discours une galerie de tableaux animés et variés comme le sentiment et l'imagination qui les tracent, et représente les impressions les plus intimes de l'écrivain, mobiles comme les circonstances qui les produisent (note B).

43. — IV. *Déclinaison imparisyllabique.* — Quoique la cinquième déclinaison soit toujours imparisyllabique, et que la troisième ne le soit qu'accidentellement et seulement dans quelques-uns de ses mots, cependant, quand on parle de déclinaison imparisyllabique, il n'est question que de la troisième ; sans doute parce que la cinquième ne présente jamais de difficulté, son nominatif étant toujours et régulièrement terminé en *es*. Il n'en est pas de même de la troisième, qui a des mots formés de suffixes très-variés et qui altèrent de diverses manières leur nominatif. Aussi cette déclinaison présente toujours ce double problème : *un cas oblique étant donné, trouver le nominatif; le nominatif étant donné, trouver les cas obliques.*

44. — Mais comment certains mots de la troisième déclinaison sont-ils devenus imparisyllabes ? Quand cette déclinaison s'est séparée de la primitive, elle fut d'abord parisyllabe comme celle qui lui avait donné naissance. Même un certain nombre de mots ont conservé cette forme originelle, ceux que l'euphonie n'a pas permis d'abréger, ou plutôt que l'usage n'a pas jugé à propos de tronquer, car par des mutilations plus ou moins considérables, on eût pu les rendre imparisyllabes comme beaucoup d'autres. En général on abrégea au nominatif la plupart des mots qui purent s'y prêter ; ainsi l'imparisyllabilité provient d'une mutilation du nominatif : quelques mots sont à la fois parisyllabes et imparisyl-

labes. C'est donc le nominatif qui est altéré; c'est donc lui qu'il s'agit de découvrir par les autres cas, et non ceux-ci par lui, à moins que, ses altérations étant connues à l'avance, on ne revienne d'elles aux formes régulières.

45. — *Observations.* 1° Tous les noms et adjectifs neutres rejettent le *s* caractéristique du nominatif et sont presque tous réduits à leur radical, conservant même la voyelle et la consonne primitives quand elles ont été changées dans les autres cas. — Les adjectifs en *i-s* masc. fém., font le neutre en *e* pour *i-d*, forme primitive; ainsi *gravi-s*, *grave*, p. *gravi-d*, cf. *qui-s qui-d*. — 2° Certains noms qui ont *i* aux cas obliques le remplacent par *e* au nominatif abrégé. De ce nombre sont les noms en *ĭt-is*, *mĭn-is*, quelques-uns en *ĭc-is*, tous les composés de *capio*, *facio*, *plico*, de *caput*, et quelques autres mots isolés: *pedit-is pedĕ-s*, *lumin-is lumĕn*, *culic-is culex*, *particip-is particep-s*, *opific-is opifex*, *duplic-is duplex*, *præcipit-is præcep-s*: *adip-is adep-s*, *cælib-is cæleb-s*, etc. — 3° Un mot *compense* quand, abrégeant sa forme complète, il allonge la voyelle de son nominatif, pour compenser la perte qu'il a subie: *pĕd-is pē-s*, *anăt-is anā-s*.

46. — A. *Consonnes labiales*, **m**, **b**, **p**, **v**. — Les mots de cette forme joignent *s* immédiatement à leur radical pour faire leur nominatif: *hiem-s pleb-s urb-s op-s cæleb-s*; *bŏv-is bō-s* et *Jŏv-is Jū-piter* compensent (45). *Nĭv-is* nom. *nix* p. *nig-s* est étranger ici, car il est abrégé de *ninguis* (*nig-vis*) cf. *ninguo* (*nig-vo*), *nih-vis*, enfin *nĭ-vis* sans compensation. — De même *lĕvis* p. *lĕgv-is*, ἐ-λαχύ-ς, et *brĕvis* p. *bregv-is*, βραχύ-ς.

47. — B. *Consonnes dentales*, **d**, **t**, **s**. — Ces mots rejettent au nom. la dentale devant *s* qu'ils conservent: *laud-is lau-s*, *pecŭd-is pecū-s*, *dōt-is dō-s*, *lĭt-is lī-s*,

vas-is vā-s. — Quelques-uns compensent : *pĕd-is pē-s* et ses composés, *tripŏd-is tripū-s, anăt-is anā-s.* — D'autres subissent une suppression plus grande encore : *cord-is cōr, noct-is nox* (*noc-s*), *ass-is ās, oss-is ōs. Exōs*, composé de ce dernier, abrége. De même les noms en *ĭt-is : milĭt-is milĕ-s, pedĭt-is pedĕ-s, capĭt-is capŭt.*

48. — C. *Consonnes gutturales*, **g**, **c**. — Les mots formés de ces consonnes unissent le *s* du nominatif avec la gutturale, d'où résulte *x* (*c-s*) : *fac-is fax, duc-is dux, atroc-is atrox, felic-is felix, greg-is grex.*

49. — D. *Consonnes linguales* (*liquides*), **r**, **l**, **n**. — Selon toute probabilité *r* n'est primitif dans presque aucun de ces mots qui se trouvent écrits par *s* dans l'ancienne langue. Les mots qui ont *r, l, n* n'admettent pas *s* signe du nominatif. *R* appartient au radical dans ceux qui l'ont, quoique changé en *r* aux cas obliques. *Mur-is mus, jur-is jus, floris flos, ciner-is cinis, gener-is genus, veter-is vetus, decor-is decus, anser-is anser, ebor-is ebur, turtur-is turtur.* — Quelques-uns compensent : *măr-is mās, păr-is pār, Cerĕr-is Cerēs.* Mais en général ils ne compensent pas : *carcĕr, tubĕr, calŏr, calcăr, jubăr, Cæsăr : tribunăl, pugĭl : lumĕn, sanguĕn**, *termĕn** : *splēn, liēn, Titān, pæān*, perdent simplement le signe du nominatif. — Les noms suffixés de **ōn** et de **ŏn** (*ĭn*) perdent même *n* au nominatif : *carbo, ordo* p. *carbōn, ordōn.* — *Sen-is*, nom. *sen-ex*, joint à la racine un suffixe *ec* qui se retrouve dans *sen-ec-ta.*

50. — Quelques noms et adjectifs suffixés de *er*(*is*) subissent une syncope : *pater mater acer celeber, patris matris acris celebris.*

51. — E. *Radicaux terminés par une voyelle : gru-s, su-s* sont peut-être les seuls.

ARTICLE SECOND.

Des suffixes conjugatifs.

52. — I. *Conjugaison.* — *Temps et modes.* — Le verbe est un mot qui exprime l'existence sous un attribut déterminé, c'est-à-dire qui affirme qu'un être existe avec telle qualité. — C'est à sa propriété d'exprimer l'existence que le verbe doit la faculté de représenter le *temps* ou la durée aux diverses parties duquel il répond. Il rend aussi les *personnes*, c'est-à-dire les trois rôles que jouent les êtres dans le drame de la parole; la notion du *nombre*, selon qu'il y a un ou plusieurs acteurs; enfin les divers *modes* dont l'existence est susceptible. Ainsi, dans le verbe, les suffixes joints à la racine signifient à la fois : 1° le temps; 2° les personnes; 3° les nombres; 4° les modes.

53. — Faire passer un verbe par toutes ses formes, c'est le *conjuguer*; ainsi la conjugaison est la déclinaison des verbes.

54. — Les *temps* sont les formes par lesquelles le verbe rapporte l'existence aux trois divisions de la durée, le *présent*, qui se confond avec l'instant de la parole, le *passé*, qui lui est antérieur, le *futur*, qui lui est postérieur. Le présent est le terme commun de comparaison. — Les temps n'ont rien d'absolu, ils ont tous une double relation, au présent d'abord, puis entre eux. Le présent lui-même qui, seul, pourrait être absolu, ne l'est pourtant pas, puisqu'il se déplace sans cesse. Aussi n'a-t-il également qu'une valeur relative. C'est pourquoi, nous fondant sur la distribution constante des racines du verbe latin, nous diviserons les temps en deux séries, la première, celle des temps *simultanés*, la seconde, celle des temps *antérieurs*. Peut-être ces dénominations n'ex-

priment-elles pas bien le caractère respectif de ces deux classes de temps ; mais certainement, sauf les termes, la division existe.

		au présent,	au passé,	au futur.
TEMPS	SIMULTANÉS	*lĕgo*	*lĕgebam*	*lĕgam.*
	ANTÉRIEURS	*lēgi*	*lēgeram*	*lēgero.*

55. — Les *modes* sont les divers changements que subissent les verbes, et qui répondent aux modifications de l'existence qu'ils expriment. Ils se divisent en *personnels*, l'indicatif, le subjonctif et l'impératif, et *impersonnels*, l'infinitif et le participe. — L'*indicatif* présente l'existence comme indépendante ; le *subjonctif*, comme subordonnée ; l'*impératif* commande ou prie. — L'*infinitif* est un vrai substantif, et le *participe* un adjectif ; dans l'un le verbe est sous forme de nom, dans l'autre sous forme d'adjectif, sans cesser d'être verbe et de marquer le temps.

56. — La conjugaison latine a deux formes corrélatives, l'*actif* et le *passif*. La première représente le sujet comme exerçant, la seconde comme subissant l'action indiquée par la racine (note C).

57. — Le latin a fait pour la conjugaison ce qu'il avait fait pour la déclinaison : au lieu d'une forme unique primitive, il s'en est donné plusieurs, préférant la variété à une simplicité trop uniforme. Car dans l'origine il n'y avait qu'une conjugaison, comme il n'y avait qu'une déclinaison, ou plutôt il existe quatre variétés qu'il est facile de ramener à l'unité, car la différence est plus apparente que réelle. Aussi, malgré quelques anomalies amenées par l'usage, on peut proclamer hardiment l'unité de conjugaison dans la langue latine (note D).

58. — La conjugaison latine offre trois racines bien distinctes : la première, base des deux autres, sert dans tous les modes pour les temps simultanés ou de la première série ; la deuxième, qui n'est que la première modifiée de diverses manières comme forme dérivée, pour les temps antérieurs ; la troisième sert à former une multitude de dérivés, à commencer par la forme secondaire d'infinitif dite *supin*. Cette triple forme se trouve dans tous les verbes latins, sauf un petit nombre qui n'ont pas la dernière.

59. — II. *De la triple racine des verbes.* — Les verbes latins se divisent en deux grandes classes, ceux dont la racine est terminée par une consonne, ou par *u*, assimilé aux consonnes (car *u* = *v*), ce sont les verbes *forts*; et ceux dont la racine est suffixée d'une voyelle formative *a*, *e*, *i*, qui constituent les première, deuxième et quatrième conjugaison ; ce sont les verbes *faibles*. La première classe présente quelque difficulté sous le rapport des deuxième et troisième racines, susceptibles de varier selon que la consonne finale de la racine simple est une consonne labiale, une dentale, une gutturale, ou une liquide, sans toutefois présenter de type uniforme et invariable. Loin de là, il y a une multitude d'irrégularités et de différences entre des formes analogues.

Première classe de verbes.

Racines terminées par une consonne.

60. — *Remarque.* Nous ferons entrer ici quelques verbes de la deuxième classe qui présentent les mêmes analogies que ceux de la première.

A. *Consonnes labiales*, **m**, **b**, **p**, **v**. — 1° La plupart ajoutent *s* à leur première racine pour former la deuxième, et font la troisième en *tum :* — **carp**-*o*, **carp**-*s-i*, **carp**-*tum*. Suivent cette analogie : *clepo, nubo, repo* et *serpo, scalpo* et *sculpo, scribo, sumo, temno*, etc. — *Jubeo* et *premo* assimilent leur consonne : *jus-si jus-sum, pres-si pres-sum*. — 2° Les uns conservent la nasalation de la première racine, *lambo, lambi;* d'autres la perdent, *rumpo rupi;* d'autres prennent *ui* et *(i)tum : gemo, fremo, tremo, vomo, rapio, strepo; gemui, gemitum, raptum*.—Dans *vol-vo v* n'est pas radical, c'est le digamma qui se vocalise dans *volutum : fervo* change *v* en *b*, *ferbui :* dans *solvo* = *soluo* (*so, se* séparation), offre *u* radical devenu consonne : *so-lu-tum*.

B. *Consonnes dentales*, **d**, **t**, **s**. — 1° De ces verbes les uns forment leur deuxième racine en allongeant la voyelle radicale brève : *fŏdio sĕdeo vĭdeo, fōdi sēdi vīdi*. — Les autres, nasalés, rejettent *n*, *findo scindo, fĭdi scĭdi*. — Les autres restent nasalés, *mando pando, mandi pandi*. — Les autres prennent *s* et assimilent leur dentale, *quatio meto, quassi messui*, ce dernier en outre prend un *u*. — 2° D'autres, encore en plus grand nombre, prennent *s* au parfait et font disparaître la dentale : *claudo lædo ludo plaudo rado rodo trudo vado divido ardeo suadeo, clausi læsi*, etc., p. *claud-si læd-si*. — 3° Quelques verbes ont un redoublement : *cado cædo mordeo spondeo tendo tondeo tundo, cecĭdi cecīdi momordi spopondi tetendi totondi tutudi*.

Quant à la troisième forme, elle est toujours en *sum* p. *tum*. Quelques verbes conservent leur dentale en l'assimilant, et les nasalés perdent *n* : *cedo meto patior fodio findo scindo; cessum fissum*, p. *ced-tum fid-tum*. —Un seul verbe finit en *s*, *piso* ou *pinso*, *pinsui pistum* et *pinsitum*. — *Peto* et *quæso* quæro*, se comportent comme des verbes en *io*, *petivi quæsivi, petitum quæsitum*.

C. — *Consonnes gutturales*, **q**, **c**, **g**, **h**. — 1° De ces verbes les uns prennent *tum* à la troisième racine, et modifient la deuxième de diverses manières. — α. *Lĕgo lēgi* allonge sa deuxième racine. — β. Allongent leur deuxième racine, changent *a* en *ē* et perdent *n* : *frango pango linquo vinco* (*frăg păg lĭqu vĭc*), *frēgi pēgi līqui vīci*, *fractum pactum lictum victum*. — γ. Prennent un redoublement et perdent *n* : *pango tango*, *pepĭgi tetĭgi*, *pactum tactum*.

2° D'autres en assez grand nombre, prennent *tum* et *si* qui, combiné avec la gutturale, forme *xi*, quelquefois réduit à *si* par euphonie. — α. Les uns, non nasalés : *augeo auxi auctum*, *dico*, *duco*, - *flīgo* (*flago*), *frigo*, *luceo*, *rego*, - *spicio*, *sugo*, *tego*, *traho* , *veho*, *vivo* (p. *vihvo*, *vigvo*) : *farcio* et *sarcio*, *farsi fartum*, *sarsi sartum*. — β. Les autres, nasalés, restent tels : *cingo cinxi cinctum*, *clango fungor jungo lingo plango pungo sancio tingo in-stingo* ; — *ango* a fait *anxum** d'où *anxius*. — γ. D'autres, nasalés aux deux premières formes, ne le sont pas à la troisième : *fingo finxi fictum*, *pingo pango* (=*paciscor*)[1] *stringo* ; *ringor rictum* sans parfait.

3° Remarquons *flec-to flexi flexum*, *nec-to nexui nexum*, *plec-to plexui plexum*, *pec-to pexui pexum* et *pectitum* : *nītor* pour *nictor nihtor*, *nixum* et *nisum* par euphonie.

4° Les suivants, perdant leur gutturale, ont *s* pour *x* à la deuxième et troisième forme : *algeo fulgeo mulceo mergo spargo tergo*, *alsi alsum*, etc. ; *torqueo torsi tortum*, *parco parsi parsum* et *peperci parcitum*.

5° Les trois verbes suivants appartiennent ici par leur deuxième et troisième forme : *flu-o* (*flu-h*)-*fluxi fluxum* (*fluc-tum*) ; *fruo** (*fru-h*) manger, d'où *fruor* se nourrir de, jouir ; *fruc-tus* et *fruitus* ; *struo* (*stru-h*) *struxi*, *struc-*

tum. Cette gutturale *c* est sans doute une lettre formative ajoutée et étrangère à la racine primitive.

D. *Consonnes linguales* ou *liquides*; **r**, **l**, **n**. — Ces verbes ne suivent pas d'analogie déterminée :

r. *căro*, sans deuxième ni troisième forme; *careo*, *-ui*, *-itum* et *cassum*; *uro buro*, *ussi bussi*, *ustum bustum*; *hæreo hæsi hæsitum*; *haurio hausi haustum*; *mæreo*, *-ui mæstum*; *quæro quæsivi quæsitum*; *queror questum*; — *tero trivi tritum*; *verro verri versum* : dans ces verbes, moins les deux derniers, *r* a remplacé *s* primitif, comme l'indiquent les formes conservées *cassum us-tum*, etc. — Dans *sĕ-ro* semer, *r* est intercalaire, *sē-vi să-tum*. — *Fŭ-ro* (= ϑύ-ω), est dans le même cas.

l. *alo alui alitum altum*; *colo colui cultum*; *molo molui molitum*; *vello vulsi vulsum*; *tulo** *tuli*. — Les suivants ont un redoublement au parfait : *fallo pello cello* (Festus) être saillant; *fefelli pepuli ceculi*, *falsum pulsum celsum* et *culsum*.

n. *cano cecini cantum*; *maneo mansi mansum*. Les suivants sont étrangers à cette classe quoiqu'ils paraissent y appartenir; leur *n* final est un suffixe : *cer-no cre-vi cre-tum*, *li-no li-vi li-tum*, *pōno* pour *posi-no*, *posui* p. *posivi positum*; *si-no si-vi si-tum*; *sper-no spre-vi spre-tum*; *ster-no stra-vi stra-tum*.

Seconde classe de verbes.

Racines terminées par une voyelle.

64. — 1° L'analogie générale et régulière de cette catégorie est d'intercaler, pour éviter l'hiatus, un *v* euphonique entre la voyelle formative *a*, *e*, *i*, et la terminaison du parfait, et d'ajouter *tum* pour le supin : *ama-o*

ama-v-i ama-tum, *dele-o dele-v-i dele-tum*, *audi-o audi-v-i audi-tum.*

2° La voyelle formative *a*, *e*, *i* est longue dans tous les dérivés de ces verbes, et dans toute leur conjugaison, excepté le cas où elle est suivie de *t* final : *amăt delĕt audĭt* pour *amāt delēt audīt.*

ao. Presque tous les verbes en *ao* suivent l'analogie générale, *a-vi a-tum;* cependant quelques-uns font *ui*, *itum*, c'est-à-dire vocalisent *v* au parfait. — Les verbes suivants sont peut-être les seuls de cette forme : *crep(a)o crepui crepĭtum*, *cubo*, *domo*, *sono*, *tono*, *seco sectum.* — *Dă-re* et *stāre* font *de-di steti* pour *ste-sti.* — *Jŭv-o* et *lăv-o* (*jŭ* et *lŭ*), *jū-vi lā-vi*, *jū-tum lau-tum* et *lō-tum* (30).

eo. — Ces verbes suivent en très-petit nombre l'analogie régulière, de sorte qu'ici l'exception est devenue la règle. Les suivants sont peut-être les seuls conformes au type primitif : *deleo*, *fleo*, *neo*, *vieo.* — L'analogie reparaît dans la plupart des verbes qui ont quelque suffixe : *cer-no crē-vi crē-tum* (*cer cre*); *sper-no sprē-vi sprē-tum* (*sper spre*); *cre-sco cre-vi crē-tum; suc-sco suē-vi suē-tum; ad-ole-sco adolē-vi adul-tum.* — Le reste des verbes en *eo* suit l'analogie *ui*, (*i*)*tum.* Plusieurs manquent de supin, *egeo*, *ferveo*, etc. D'autres l'altèrent de diverses manières : *torreo* assimilé pour *torseo*, *torrui* p. *torsui*, *tos-tum* p. *torstum; gaudeo*, *gavisum; căv-eo făv-eo*, *cā-vi fā-vi*, *cau-tum fau-tum* (et *fau-s-tum** d'où *faustus*) : *mŏv-eo fŏv-eo vŏv-eo* font *mō-vi fō-vi vō-vi*, *mō-tum fō-tum vō-tum* (30).

io. — Il ne s'agit pas ici des verbes mixtes en *io* appartenant par leur infinitif à la troisième conjugaison; mais des verbes qui conservent *i* formatif dans toute leur conjugaison; ceux-ci suivent pour la plupart l'analogie générale, *audio audivi auditum.* Mais quelques-uns présentent des irrégularités : *amicio amicivi amicui amixi amictum; farcio farsi fartum* pour *farxi farctum; haurio hausi haustum; sancio sancivi sancitum* et *sanxi sanctum; sarcio sarsi sartum* p. *sarxi sarctum; sentio sensi sensum; salio salii* et *salui saltum; vincio vinxi vinctum; vĕnio vēni ventum.* — Dans *cio*, *fio* = *fuo* être, et *fio suffio* parfumer, *i* est radical.

uo. Les verbes en *uo* font régulièrement *i* et *tum* : *acu-o acu-i acu-tum.*

CHAPITRE II.

FORMATION DES MOTS PAR LES SUFFIXES DE DÉRIVATION.

62. — Les suffixes de flexion sont destinés à faire passer les racines à l'état de noms, d'adjectifs et de verbes, c'est-à-dire à former un très-grand nombre de dérivés immédiats et primitifs. Mais ces mots, quoique très-nombreux et si propres à rendre une foule d'idées concentrées sous un petit volume, sont bien loin cependant de suffire aux besoins de l'intelligence. Aussi ce procédé, si heureusement employé pour exprimer à la fois d'une manière simple et commode les notions de nombres, de positions et de genres, de temps, de personnes, de modes, etc., a-t-il été étendu à l'expression d'un autre ordre d'idées, comme celles d'*agent*, d'*action*, d'*instrument*, de *profession*, etc. Toutes ces notions sont rendues avec la même concision et le même bonheur par le moyen de quelques syllabes artistement combinées pour présenter, dans un cadre étroit, un tableau chargé d'un grand nombre de traits divers.

63. — Les suffixes de dérivation sont nombreux et le paraissent encore plus qu'ils ne le sont en réalité, car plusieurs ne sont que des variétés d'une même forme

fondamentale, qui ne diffèrent entre elles que par les voyelles ou la quantité de ces mêmes voyelles, ce qui réduit beaucoup le nombre des suffixes réels, surtout si l'on ne considère que la consonne qui est l'âme du suffixe. C'est ainsi, par exemple, que N donne naissance à plus de vingt variétés dont elle est le germe. Nous prendrons donc pour base des suffixes la consonne qui les constitue, en réunissant autour d'elle toutes ses variétés et ses compositions.

64. — Tous les suffixes n'ont pas à beaucoup près la même importance. Il y en a même un bon nombre dont il est bien difficile de déterminer la valeur, et qui probablement sont simplement euphoniques et destinés à varier, à développer les mots d'une manière harmonieuse.

65. — Les suffixes consonnes s'unissent en général à la racine et entre eux immédiatement, quand l'euphonie le permet. Dans le cas contraire, on insère entre eux des voyelles euphoniques ou de liaison, dont la variété fait en partie celle des suffixes : la plus fréquente est *i*; les autres voyelles s'intercalent également.

ARTICLE PREMIER.

Suffixes des mots déclinables (noms et adjectifs).

§ I. *Suffixes voyelles.*

66. — **a**. — Le suffixe **a** forme les noms masculins et féminins, et les adjectifs féminins de la première déclinaison : *scrib-a, conviv-a, homicid-a; terr-a; mens-a; pur-a, sanct-a*, etc. Cet **a**, long dans toute la déclinaison (*terrā-i, aulā-i, terrā-m*), s'est abrégé au nominatif et vocatif singulier. — **ā**, voyelle de la déclinaison primitive, s'est successivement affaibli en **ō**, remplacé

par **u** dans la deuxième déclinaison, en **ē** dans la cinquième.

67. — **ē**, affaibli de **a**, comme on vient de le dire, ou plutôt peut-être allongé de **i** (*ai*, *ē*, 30), forme les noms de la cinquième déclinaison. Simple, il ne fait qu'un petit nombre de mots tels que *di-ē-s*, *fid-ē-s*, *rē-s*. Dans presque tous les mots il est précédé de **i** : *rab-iē-s*, *san-iē-s*, etc. (72).

68. — **i** forme les noms et adjectifs de la troisième déclinaison : *api-s*, *puppi-s*, *cani-s*, etc. ; — *jugi-s*, *suavi-s*, *leni-s*, etc. Dans la plupart de ces adjectifs **i** est joint à quelque suffixe. — Malgré leur différence apparente, il faut joindre ici les noms mixtes en *ē-s* de la troisième déclinaison, comme *labē-s*, *cædē-s*, *luē-s*, *sedē-s*, qui flottent entre *e* et *i* : cet *ē* n'est que la forme allongée de **i** (30). — **i**, avec différentes consonnes, forme les suffixes *ni*, *ti*, *vi*. — Enfin, **i** disparaît au nominatif de beaucoup de noms : *mors*, *nox*, *ars*, pour *morti-s*, *nocti-s*, *arti-s*. Il disparaît aussi dans la déclinaison, absorbé par le suffixe de flexion ou contracté avec lui.

69. — **o**, remplaçant de **a** et remplacé lui-même par **u**, forme les noms et adjectifs masculins, féminins et neutres de la deuxième déclinaison : *hero-s*, *servo-s*; *pomo-s*, *pino-s*; *pomo-m*, *templo-m*, devenus *heru-s*, *pomu-s*, *pomu-m* : *parcu-s*, *vivu-s*; *parcu-m*, *vivu-m*. — **o** est l'ancienne orthographe, commune au grec et au latin : c'est la voyelle caractéristique de la deuxième déclinaison, celle que nous adopterions pour les mots de cette classe, afin de les distinguer de ceux de la quatrième déclinaison qui ont **u**, si cette orthographe ne rendait les mots méconnaissables pour un œil inexercé. — Une observation intéressante est celle-ci : puisque $u = o = a$, les noms et adjectifs masculins et féminins de la première et de la deuxième déclinaison sont identiques au fond, et

n'ont entre eux que la différence introduite par l'usage.

70. — **u**, forme les noms de la quatrième déclinaison : *manu-s, domu-s, cornu-veru* pour *cornu-m, veru-m*. Cette déclinaison a conservé partout l'*u* qui la caractérise, sauf aux datif et ablatif pluriel (*mani-bus, corni-bus*) ; encore quelques mots ont-ils retenu l'*u* primitif, *lacu-bus, artu-bus, arcu-bus*, etc.

71. — **aiu**-*s*, **æu**-*s*, **eiu**-*s*, **ēu**-*s*, **ĕu**-*s*, **ea**-*s*, avec les formes féminines et neutres de ces suffixes, *aia, æa, æum*, etc. Nous réunissons ces suffixes comme variantes plus ou moins affaiblies d'une même forme primitive. — *α*. **aiu**-*s*, *aia* ne se trouve plus en latin que dans très-peu de mots : *Caiu-s Caia, Maiu-s Maia, graiu-s graia, graiu-m* grec. — *β*. **eiu**-*s* = *aius* forme des noms propres dérivés de plus simples : *Livin-eius, Petr-eius, Pomp-eius*, etc., venus de *Livinus, Petrus, Pompus* (d'où aussi *Pomponius* et *Pompilius*). — *Cateia* javelot, mot gaulois, dit-on, cf. *catus* pointu, piquant. — *γ*. **æu**-*s*, **æa**, **æu**-*m*, affaiblissement immédiat de *aius*, forme quelques noms et adjectifs : *Cnæus*, v. lat. *cnaivos* γεναῖος*, γενναῖος ; *Ann-æus* ; *nævus* pour *gnæ-v-us* γενναῖος naturel, a de plus conservé le *v* euphonique. — *Romphæa, aulæum, musæum, nymphæum*, etc., mots grecs importés. — Noms et adjectifs de relation : *Lenæus, menæus* cercle des mois, μηναῖος (κυκλός), *Lern-æus*. — *δ*. **ēu**-*s*, **ēa**-*s*, εῖος ῆος είας, traduit des noms grecs : *Epēus, Ænēas, Andrēas ; plat-ēa, chor-ēa*. — *ε*. **ĕu**-*s*, **ĕa**, **ĕu**-*m*, abrégé de *eius* (ειος, εος) forme des noms et des adjectifs : 1° NOMS : *alv-eus, cas-eus, cun-eus, pil-eus, put-eus, mall-eus ; — ar-ea, bract-ea, lanc-ea, lin-ea, pal-ea, sol-ea, trab-ea ; — baln-eum, lint-eum, hord-eum, ol-eum, ostr-eum*. — 2° Les ADJECTIFS formés de *ĕus* sont des adjectifs de relation qui signifient la *matière* dont une chose est faite :

ær-eus d'airain, *aur-eus* d'or, *argenteus*, *ferreus*, *lapideus*, *igneus*. — *Eu-s* entre encore dans la composition d'autres suffixes, comme *aceu-s*, *aneu-s*, *oneu-s*.

72. — **ia**, **iu**-*s*, **iu**-*m*, **ie**-*s*, autres variantes de *aius*, forment des noms et adjectifs. — 1° Noms : les noms simples et dérivés immédiatement, qui signifient des objets divers, sont peu nombreux : *fil-iu-s*, *fluv-ius*, *genius*, *gladius* : *asc-ia*, *curia*, *hostia*, *pluvia*, *filia*, *tibia* : *cor-iu-m*, *cilium*, *pallium*, *atrium*, *tædium*, *gremium*, *folium* : *car-ie-s*, *facies*, *glacies*, *sanies*, *rabies*. — Ces mêmes suffixes forment aussi des noms abstraits de qualité, en se joignant au radical d'adjectifs : *miser-ia*, *cōp-ia* (co-op), *inop-ia*, *grat-ia*, *potent-ia*, *facund-ia* : — *barbar-ies*, *mac-ies* (*mac-er*). — Et des noms de pays : *Gall-ia*, *Ital-ia*, *Hispania*, *Campania*. — 2° Adjectifs : *patr-ius* paternel, *med-ius* moyen, *nim-ius*, *sauc-ius*, *pro-pr-ius*, cf. *privus*, *var-ius*, *ser-ius*, *e-greg-ius*, *ex-im-ius*, *pro-pit-ius*. — 3° Le suffixe *ius* et *ia*, forme encore un bon nombre de noms propres d'hommes et de femmes dérivés d'autres noms ; les uns et les autres ne sont que des adjectifs : *Julus Jul-ius Julia*, *Flavus Flavius Flavia*, *Fulvus Fulv-ius ia*, *Opimus Opimius*, *Quintus Quintius*, *Sextus Sextius*, *Septimus Septimius*, etc. — **iu**-*s*, **ia**, **ie**-*s*, entrent dans les suffixes composés *tius*, *tia*, *tiē-s*, et *arius*, *anius*, *onius*, *torius*, etc.

73. — **uu**-*s*, **ua**, forment des noms masculins, des noms féminins et des adjectifs : *uu-s*, *ua* sont tout à fait identiques avec *vu-s*, *va* dont ils ne doivent pas être séparés, car *u* = *v* ; ces deux lettres équivalentes s'échangent continuellement à cause de leur caractère commun de labialité. *Mil-uu-s mil-vu-s*, et *sil-va* que Horace a divisé (*sil-uæ*) nous révèlent cette identité non douteuse. Tout le monde sait que, dans les poëtes, *gĕnŭă*, *tĕnŭĭs*, *tĕnŭă*, peuvent

devenir *gĕnvă*, *tĕnvis*, *tĕnviă*. A côté de *uus* on trouve encore quelques *ivus* où *i* n'est qu'une lettre de liaison : *nocuus deciduus occiduus vacuus* et *nocīvus*, *cadīvus recīdivus vacīvus* (76, 79). — *Mil-uus* et *milvus*, *carduus patruus* oncle paternel, d'où *patruelès*; *matrueles* et *fratrueles* supposent *matruus* et *fratruus* qui ne se trouvent pas; *lituus*, *janua*, *bēlua*, *noctua*, *statua*, *trua*. — Notre suffixe forme aussi des adjectifs simples et composés : *ard-uu-s* ὀρθὸς, *cernuus*, *mortuus*, *mutuus*, *riguus*, *strenuus*, *vacuus*; *continuus*, *contiguus*, *exiguus*, *perpetuus*, *occiduus*, etc.

74. — Il y a encore des mots dont la racine, terminée par *g* ou *q*, s'accompagne d'un *u* qui se prononce avec la racine, dont il ne se sépare pas : *langueo*, *languor*, *lingua*, *linquo*, *reliquus*; *aqua*, *aquila*, *aquilo*, *æquus*, *equus*, *laqueus*, *liquor*, *loquor*, *antiquus*, *obliquus*, *sequor*, *qui quis*, etc. Cet *u* = *v* ne fait pas syllabe, et dès qu'il se vocalise, *q* est remplacé par *c*; *seqvor secutus*, *loqvor locutus*, *qvi cui*, etc.

§ II. *Suffixes consonnes.*

A. Consonnes labiales (**v**, **m**, **b**, **p**).

75. — **V**. Nous commençons par **v**, parce que, placé sur la limite des voyelles et des consonnes, il est le passage des premières aux secondes : analogue et presque identique avec **u**, il permute sans cesse avec lui. Aussi, représentant dans la langue latine du célèbre digamma, il y joue un rôle important comme lettre dérivative (note E).

76. — **va**, **vu-*s***, **vu-*m***, forme des noms et des adjectifs : *syl-va*, *ul-va*, *lar-va*, *mal-va*, *val-va*, etc. Dans *saliva* et *oliva* il est précédé de *i* (cf. ἐλαία, *Achivi* Ἀχαιοί, *Argivi* Ἀργεῖοι, *archivum* ἀρχεῖον, *divus* p. *daivus* θεῖος, qui offrent *ai ei* devenus *i*). — *ser-vu-s*, *ser-o* lier; *cer-vus* pp. cornu, κεραὸς cf. *cor-nu*; *cor-vus* pp. le criard; *alvus alo* nourrir; *ner-vus*, v.l. *nesvus* (Festus); *cli-vus* κλί-νω incliner; *rivus*, **ri** couler; *nævus* p. *gnævus* γεναῖος*; *pluv-ia fluv-ius* de *plu-o flu-o*; *di-luv-ium*, *lu-o* laver; *livor*, *ob-liv-ium* oubli, cf. *li-no*; *ævum* αἰών, *ovum* ὠόν, *ar-vum ar-o* labourer. Dans *cla-vis*, *clavus*, *navis*, *av* vient de *u*; *av* et *ov* sont radicaux dans *avis ovis bovis* de *bō-s*; et *nivis* (30).

Cur-vus κυρ-τὸς, *cal-vus*, *sal-vus*, *par-vus*; *tor-vus* (regard) oblique, *ter* tourner; *ful-vus*, *fla-vus*, *fur-vus*, *hel-vus*, *gil-vus*, *vivus* p. *vih-vus*, *navus* p. *gnavus* γενναῖος; *privus*, *lævus* λαιὸς et *sævus scævus* gauche. Nous ne pouvons entrer dans l'explication de tous ces mots.

77. — **vi-s** forme les adjectifs *sua-vi-s* p. *suad-vis*; *lēvis* λεῖος, *li-no*; *lĕ-vis* p. *leg-vis* ἐ-λαχ-ὺς; *brĕ-vis* p. *breg-vis*, βραχὺς; on peut y joindre *ten-ui-s* et *pinguis*, où *gu* est *v* renforcé, ainsi que dans *nivis* (*nix*) *ning-uis* Festus; cf. *ninguo ningo* et *sanguis*.

78. — **ivu-s** forme des adjectifs : *cad-ivus* qui tombe, *noc-ivus* = *nocuus*, nuisible; *sonivus* sonore; *vacivus* = *vacuus* vide; *lascivus* bondissant (73).

79. — **t-ivu-s**, **s-ivu-s** : le plus souvent **ivu-s** se joint à **t**, et forme des dérivés de verbes : *æs-tivus* d'été, αἴθ-ω; *fes-tivus* de fête, *fesiæ** *feriæ*, *festum*; *ac-tivus* actif, *cap-tivus*, *fugi-tivus*, *negativus*, *stativus*, *sati-vus*, *passivus*.

80. — **ver** (*v* + *er*) forme les deux noms suivants : *cada-ver* cadavre, *cad-o* tomber; *papaver* pavot, *pa-o* nourrir, d'où *papa* bouillie : Virgile l'appelle *vescum* comestible, parce que les Romains en mangeaient la graine.

81. — **B.** — **ba** forme *bar-ba*, *her-ba*, *gle-ba*, *turba*, *tu-ba* **tu** enfler? probablement *columba* et *palumba*, et *ta-ba* inusité, d'où le diminutif *ta-bula* et *ta-b-erna*, **ta** étendre, amincir. — **bu-s** forme *glo-bu-s* cf. *glo-mus* κλώ-θω; *bul-bus*, *mor-bus*, cf. *mor-ior*; *tu-bus* =

tuba; peut-être aussi *bombus, limbus, lumbus : ver-bu-m* cf. ἔρω (Fἐρῶ) parler; *plumbum* cf. μόλυ-βος : — les adjectifs *bal-bus, gal-bus, helbus* = *helvus, acer-bus,* peut-être *super-bus;* cependant ὑπέρ-βιος, son équivalent, fait douter.

82. — **b** est encore formatif et euphonique dans *ple-b-s* cf. *populus; du-b-ium, du-o; juba, jubilus, jubar,* (*ju juv jub,* 30) briller, jouer.

83. — **ber, bris,** équivalent de **fer,** cf. all. *bar;* il signifie en général *portant, produisant,* sens qui s'obscurcit et s'efface même dans quelques dérivés. — ADJECTIFS : *cele-ber, salu-ber,* où *u* p. *v,* cf. *salv-us, salv-eo; funebris, lugubris,* qui porte la renommée, le salut, la mort, le deuil; — *muliebris, fellebris* qui tette; *cre-ber* dru, *cre-o* accroître : — les noms de mois : *sep-tem-ber, october, november, december.* — NOMS : *ver-ber* fouet, **ver** = *fer-io* frapper; *tu-ber* bosse, cf. *tu-meo; u-ber* p. *hu-ber.*

84. — **bra, ber, bru**-*m* forment des noms féminins et neutres qui désignent l'*instrument;* les masculins signifient l'*agent.* — *Dola-bra* doloire, *dola-re* tailler; *late-bra* cache; *verte-bra; tere-bra,* τερέ-ω percer; *palpe-bra* de *palpo, -ito* remuer; *il-lece-bra* attrait, *lacio* tirer; *tene-bræ* ténèbres. — *Cri-bru-m* crible, *cer-no* séparer; *la-brum* bassin à laver, *lav-o; pol-lu-brum,* id.; *de-lu-brum* lieu du temple où les prêtres se lavaient les mains; *candela-brum* chandelier; *cere-brum* (passif) cerveau, porté dans la tête, *ceres** cf. *procēres.* — *Ludi-br-ium* jouet; *manu-br-ium* un manche; *fim-br-ia* bordure (*fi-bra* bord). — Noms masc. : *fa-ber* ouvrier, *fa, fa-c* (*c* formatif); *fi-ber* castor, (fiber, *ab extremâ orâ flumi-nis..; antiqui* fibrum *dicebant extremum..; hinc* fiber *dictus* : Varron). V. **cer, cro** (200, 201).

85. — **b-ili**-*s* (243).

86. — **b-ula**, **b-ulu**-*m* : **bula** désigne l'*instrument*, la *chose* : *fa-bula* ce qu'on dit ; *su-bula* alène ; *mandi-bula* mâchoire ; *tri-bula* rouleau pour séparer le grain, *ter-o* broyer ; *fi-bula* p. *fig-bula* agrafe. — **bulu**-*m* signifie *instrument*, *moyen*, *lieu*, *vase* : *pati-bulum* potence ; *lati-bulum*, *sta-bulum* ; *aceta-bulum* vase à vinaigre ; *sa-bulum* sable, **sa** répandre ? *thuri-bulum*, *pa-bulum*. — V. **ŭlu**-*m*, **culu**-*m* (244, 202).

87. — **bundu**-*s*. V. **undu**-*s* (110).

88. — **M.** — **ma** forme des noms indiquant le *résultat* d'une action, la *chose* même : *fa-ma* ce qu'on dit, *li-ma* lime, *li-o** dissoudre, cf. λεῖος ; *lēvis* ; *ruma* mamelle ; *rima* p. *rigma* fente, cf. *rictus* ; *spuma*, *flamma* p. *flag-ma*, cf. *flag-ro* ; *gemma* p. *gesma* bourgeon, *ges-o** *ger-o* produire ; *struma* bosse, *stru-o* ; *forma* forme, beauté, *fer-veo* être chaud (*Veteres ignem et calorem quemdam quasi* fervorem *dixerunt* formam, *et ideò* fornaces, forcipes, formam *et* formosos : — Donat. in Phorm. 1, 2. — *Formus* chaud. — Il y a d'autres étymologies) ; *tra-ma*, *nor-ma*, *tur-ma*.

89. — **mu**-*s*, **mu**-*m* forme quelques noms : *cul-mu-s* tige de blé ; *hu-mu-s* terre, χύ-ω verser ; *fu-mus* fumée, et *fi-mus* fumier, θύ-ω brûler, fumer ; *ar-mus* (jointure de l') épaule, *ar-o** ajuster ; *li-mus* limon ; *cu-mus** *cumulus* comble, *tu-mus** *tumulus* tertre. — *Psal-mus* et *scal-mus*, tout grecs. — Dans *numus* (non *nummus* cf. νοῦμος) et *hamus* crochet, *m* paraît radical (*ham*, *cam* courber). — *Po-mu-m* fruit, **pu** nourrir ; *ar-mu-m** arme, **ar var** couvrir, défendre. — *Calamus*, *carthamus* et *card-amum*, plantes. — *Pal-ma* cf. παλάμη. — *Anima* et *animus*, souffle, vie.

90. — **mu**-*s*, **imu**-*s*, suffixe d'adjectifs, forme *al-mus* nourricier, *al-o* élever ; *fir-mus* ferme ; *for-mus* chaud, *fer-veo* être chaud ; *sum-mus* p. *sup-mus*, le plus haut. Le plus souvent *mus* prend une voyelle de liaison :

dec-imus dixième, *opt-imus*, *pess-imus*, *min-imus*, *post-imus*. — Ces adjectifs furent d'abord en *umus*, *decumus*, *optumus*, etc.; mais *u* a été remplacé par *i* (1). —*Bruma*, quoique nom, a sa place ici, si l'étymologie qu'on lui donne est vraie. Il signifie, dit-on, le jour le plus court de l'année *brev(i)ma dies* : il pourrait bien venir d'une racine *bru* verser, couler, cf. βρύ-ω, et désigner ainsi la saison des pluies. — Remarquons le changement opéré dans *extrēmus*, *postrēmus*, *suprēmus*, p. *exter-imus*, *poster-imus*, *super-imus*; le déplacement des lettres a fait *extre-imus*, puis *extrēmus*. — *Volēmus* remplissant la main *vola*, et *racēmus* raisin, sont semblables pour la forme. — Les suivants ont **i** long par suite de diverses contractions : *prīmus* (*pri-imus*, cf. *pri-or*); *opīmus* gras (ὄ = *ob*, πί-ων) *opi-imus*. Quintilien, I, 5, nous apprend que l'*i* ne se prononçait pas de la même manière dans *optimus* et dans *opimus*. — Quant à *bīmus*, *trīmus*, *quadrīmus*, p. *bismus*, âgé d'un an, etc., ils n'ont pas leur raison dans le latin.

91. — **ĭmu**-*s*, **sĭmu**-*s*, forment encore des adjectifs ordinaux ou exprimant le rang, et répondant aux nombres qui signifient les dizaines, les centaines et les mille. Le suffixe qui termine les noms des dizaines disparaît ou se modifie, et le suffixe qui s'ajoute au nom *cent-um* et *mille* pour former une série d'adjectifs, est alors *simus* p. *tumus* : — *decimus* dixième, *undecimus* onzième, etc.; *viginti vigesimus* vingtième; *trig-inta trige-simus* trentième; *cent-um centesimus* centième, *mille millesimus* millième. La voyelle *e* prouve qu'on a écrit *vigenti*, *trigenta*, etc.

(1) Varro tradit Cæsarem per I hujusmodi verba enuntiare ac scribere solitum esse; inde, propter auctoritatem tanti viri, consuetudinem factam ut *maximus*, *optimus*, *pessimus*, scribatur. (Isidor. lib. I.)

92. — **imu**-*s* (*umus*) a aussi signifié le *superlatif*, mais indirectement : ainsi *optimus* signifie désirable, bon; *minimus* petit; mais si on dit *optimus*, *minimus omnium*, bon, petit de tous, cette construction relative veut dire exactement « le meilleur, le plus petit de tous. » Peu de mots ont conservé cette forme simple.

93. — **simu**-*s*. *Umus* superlatif s'est postérieurement appuyé sur *t*, ce qui a donné d'abord *tumu-s*, adouci en *simu-s*; de plus, *s* s'est doublé : *blandi-ssimus* (*blandi-tumus*) très-agréable, *duri-ssimus*, etc. — Et même *s* s'est assimilé, c'est-à-dire changé en *r* et en *l* à la suite des radicaux terminés par ces consonnes : *acer-rimus*, *celer-rimus*, *facil-limus*, *simil-limus*. — *Maximus* = *mac-simus*; dans *medioximus* le suffixe s'appuie sur *ox*, *medi-ox-simus*. *Proximus* p. *prop-simus*.

94. — **timu**-*s*, forme des adjectifs de relation : *dex-timus*, *sinis-timus*, situé à droite, à gauche; *in-timus* intérieur, *ex-timus* extérieur; *ci-timus* citérieur; *ul-timus* ultérieur, *ul-s* au delà; — *fini-timus*, *legi-timus*, *mari-timus*. — *Ædi-timus* gardien d'un temple; *vic-tima* victime.

95. — **mat** exprime le *résultat*, l'*effet* d'une action. Tout grec, il n'appartient pas à la langue latine, où il est devenu *mentu-m*. Il ne se trouve que dans quelques mots importés : *poe-ma* -*matis*, *syn-ma* -*matis*, *fantas-ma* -*matis*, etc.

96. — **mentu**-*m*, forme latine du précédent; même signification, de plus l'*instrument* : *ali-mentum*, *monu-mentum* tout ce qui rappelle un souvenir; *pig-mentum* couleur; *in-stru-mentum*, *fer-mentum*, *tor-mentum*; *ar-mentum*, **ar** labourer; *ju-mentum*, **ju**, **juv** aider.

97. — **mit** (*m* + *it*) fournit peu de dérivés : *fō-mes fomitis* matière inflammable, **fu fov** brûler, chauffer;

li-mes chemin, **li** user? *pal-mes* et *ter-mes*, étymologie incertaine; *tar-mes* ver de bois, et *tra-mes* sentier de traversé, **tar tra** traverser, percer; *co-mes* compagnon, *co* avec (cf. goth *ga-*, all. *ge-*, sax. *ge-*, anglos. *ga-*, *ge-*, gallois *co-* : toutes ces syllabes sont signes de réunion. — Les formes postérieures *co-n* et *co-m*, sont *co* nasalé, gr. σύν, ξύν).

98. — **mĭn**, μον, forme un grand nombre de noms neutres : *ag-men*, *-minis* troupe en marche, etc.; *fla-men* souffle, *flu-men* courant d'eau; *teg-men* et *tegu-men* tout ce qui sert à couvrir; *acu-men* pointe, tranchant; *seg-men*, *lu-men*, p. *lucmen*, *ful-men* p. *fulgmen*; *gra-men* herbe. — **min** forme encore quelques noms masculins et féminins : *flamen*, *-minis* prêtre, cf. *flag-ro*; c'est proprement celui qui brûle la victime : *ter-minus* : d'abord *termen* et *termōn -ōnis*; *fœ-mina* femelle, femme, *fu-o* produire; *la-mina lamna* lame de métal, *la-o** étendre, cf. ἐλάω et *latus*. — Le suffixe **mĭn** est probablement identique au suivant.

99. — **mnu-*s***, **mna**, espèce de participe, cf. μενος, forme des noms d'agent : *Volumnus* et *Volumna*, divinités sous la protection desquelles on plaçait la volonté des enfants nouveau-nés; *Portu-mnus*, *Portunus*, dieu des ports et de la mer; *Neptunus* p. *Neptumnus*, pp. celui qui mouille, νιπτόμενος; *Vertumnus* dieu du printemps, *verto*; *Vitumnus* le dieu de la vie; *Pilumnus* le dieu qui préside aux armes de jet (*pilum*); *Picumnus*, incertain. *Auctumnus autumnus* automne (*augens*); *columna* colonne, appui; *ærumna* peine, dont l'étymologie et le sens primitif sont peu certains; selon quelques-uns, bâton fourchu pour porter des fardeaux, αἰρομένη? *Calumnia* calomnie, *calvor* tromper. — *Alumnus* et *alumna*, élève, *alo*, sont passifs.

100. — **mōn**, devenu *min*, forme plus récente qui

aura absorbé les autres. Il ne forme qu'un petit nombre de mots : *pulmo -mōnis* πνεύμων poumon ; *salmo -mōnis* saumon, *ser-mō(n)* discours, *sero* parler ; *ter-mō(n)* devenu *termen* et *terminus* ; *hu-mō(n)* puis *homo, hominis*, homme, *fu-o* produire, cf. *fæ-mina* ; *Tellumo, -ōnis*, la Terre (dieu) ; *Lucumo -ōnis*, titre des rois d'Étrurie. — V. **ōn** (270).

101. — **mōnia** et **mōniu**-*m* forme des noms d'action ou d'état : *ali-monia* aliment, *acri-monia* âcreté, *ægri-monia*, *casti-monia*, *ceri-monia*, *cerus* grand, saint (Festus) ; *parci-monia*, *querimonia*, *sancti-monia*, *verimonia*. — *Ali-monium*, *gaudi-monium*, *merci-monium*, *matri-monium* bien de la mère, mariage ; *patri-monium*, *sacri-monium*, *testi-monium*.

102. — **mŭlu**-*s*, forme *cu-mulus* comble, faîte ; *tu-mulus* monticule ; *sti-mulus* p. *stig-mulus* aiguillon, *stig-o* piquer ; *fa-mulus*, χ(θ)α-μηλὸς *humilis* ?

103. — **mōr**, voyez **ōr** (222).

104. — **P** paraît entrer dans quelques mots comme lettre formative ; mais son rôle y est fort incertain. *Pu-pus*, *pu-pa*, enfant, cf. *pu-er*, *pu-sus* p. *pu-esus*, **pu** nourrir ; *lip-pus* chassieux ; *his-p-idus* hérissé ; *cris-pus* crépu, cf. *cris-ta*, *hirs-utus* : *cul-pa* p. *sculpa* faute, cf. *scel-us*, σκόλ-ιος ; *pul-pa* πολ-φὸς ; *lap-pa*, *map-pa*, *vap-pa* vin passé, cf. *vap-or* ; *ri-pa* ; *pal-po*, cf. *pal-ma*.

105. — **pulu**-*s* forme *disci-pulus*, *disci-pula*, élève qui apprend, et *mani-pulus* gerbe, poignée de quelque chose ; *ple-o* remplir : dans le premier on peut voir l'équivalent de πολέω, s'occuper de quelque chose, cf. ὀνειρο-πόλος. Dans *po-pulus*, cf. πολ-ύς, *ple-bs*, il faut voir la même racine **ple**, précédée d'un redoublement.

B. Consonnes dentales (**d**, **t**, **s**).

106. — **D** se joint aux racines avec ou sans voyelle de liaison : *(h)u-dus* = *uvi-dus*, humide, mouillé, **hu** verser ; *cru-dus* sanglant, cf. *cru-or* ; *bar-dus* lourdaud, cf. βάρ-δυς βραδύς ; *tar-dus* (*tarh-dus*), *trah-o* traîner ; *for-da* (*vacca*) vache qui porte, **fer** ; *surdus* sourd = *se-auri-dus* sans oreilles ; *clau-dus* boiteux, cf. χωλ-ός. — *Lar-dum* et *laridum* lard ; *bur-dus* et *burdo -onis* mulet, bardot = *veredus* cheval de poste, cf. all. *Pferd* ; *cla-des* dégât, κλάω briser ; *sor-des* ordure ; *tur-dus* grive, racine incertaine ; *nō-dus* (v. l. *nes-dus*) nœud ; dans *nīdus* p. *nisdus*, *d* est radical.

107. — **idu**-*s* (*dus* : *i* voyelle de liaison), forme des adjectifs d'action : *avi-dus* avide, **av** désirer ; *madi-dus* mouillé ; *lucidus*, *calidus*, *gelidus*, *sapidus*, *rapidus*, *lepidus*. — *Viri-di-s* vert, est le seul adjectif formé du suffixe *di*. — Uni à *i* (*dius*), notre suffixe forme des noms propres dérivés de plus simples : *Nigi-dius*, *Helvidius*, *Gratidius*, *Fuffidius*, *Canidia*, etc.

108. — **id** paraît dans quelques noms grecs d'origine ou formés par analogie : *magis magidis* grand bassin ; *copis copidis* coutelas ; — *cassis -idis* casque ; *lapis -idis* pierre.

109. — **endu**-*s*, primitivement *undus*. Sous cette forme unique il faut admettre deux adjectifs verbaux de signification différente ; le premier, futur et passif, exprime une *obligation future* ; le second répond exactement aux cas obliques du présent de l'infinitif, dits *gérondifs*, dont il ne diffère que par sa forme d'adjectif (note F). Celui-ci est analogue pour la forme et le sens avec le participe présent *ens ent-is* dont il offre la forme adoucie (V. **ent**, **undu**-*s*) : *col-endu-s*, *audi-endus*,

ama-ndus, etc., qui mérite d'être ou doit être cultivé, entendu, aimé.

110. — **undu**-*s*, forme ancienne de l'adjectif que nous venons de reconnaître correspondant au gérondif, c'est-à-dire à un participe présent, conservée dans peu de mots, (*res*) *repetundæ*, *cundum*, *percundum*, dans le sens passif; *labundus*, *crepundus* d'où *crepundia*, dans le sens actif. *Undus* possède à peu près la valeur du participe présent actif. Ainsi *sec-undus*, suivant, second; *ori-undus*, *labundus*, *crepundus*, équivalent à *sequens*, *oriens*, *labens*, *crepans*. Quant à *rot-undus*, il a d'abord signifié, ainsi que *rotans*, tournant comme une roue; mais, comme une *roue* est *ronde*, l'usage l'a restreint à la signification de *rondeur*.

111. — **b-undu**-*s*, **c-undu**-*s*. Partout ailleurs que dans ces mots, *undus* joint à une racine voyelle, même dans des mots où cela n'était pas nécessaire, est précédé d'une consonne euphonique *b* ou *c*, qui n'est que le digamma renforcé; cf. *spe-c-us* σπέ-ος (σπέFος): *cuncta-b-undus* hésitant, *erra-b-undus* errant, *gemebundus*, *ludibundus*, *furibundus*, *pudibundus*, etc. — *Fa-c-undus* éloquent, *fæ-c-undus* fécond, *fu-o* produire; *jucundus* agréable, *juv-o* (30) réjouir; *iracundus*, *verecundus*, *rubicundus*. — A ce suffixe et au précédent se rapportent peut-être *turunda*, *Larunda* mère des Lares.

112. — **end-inu**-*m* forme *molendinum* moulin.

113. — **ēd** entre dans *hær-ēd-is*, *hæres* héritier; *merc-ēdis*, *merces* récompense. — Joint avec *iu-s*, *ed* forme des noms propres : *All-edius* d'*Allus*, *Alfedius* d'*Alfus*, *Veiedius* de *Voïus*, *Vinedius* de *Vinus*.

114. — **ōd** forme *custos -ōdis* gardien.

115. — **ŭd**, **ūd**, forment *pecus -ŭdis* brebis; *palūs -ūdis* marais, cf. πηλός dor. παλός boue.

116. — **ēd-in** (*ēdōn*, -ηδων) forme des noms d'action et d'état : *alb-ēdo(n)*, *-ĭnis* blancheur ; *dulc-ēdo(n)*, *-ĭnis* douceur ; *raucēdo*, *-ĭnis* enrouement ; *rubēdo* rougeur ; *frigedo*, *torpedo*, *oscedo*, *gravedo*, *pinguedo*, *putredo*.

117. — **īd-ĭn** (*idōn*) forme *cup-īdo(n)*, *ĭnis* désir ; *libido(n)*, *-inis* fantaisie ; *formīdo* épouvantail, frayeur.

118. — **ūd-ĭn, t-udin** (*udōn*, *tudōn*), forment des noms abstraits dérivés d'adjectifs. *udo* se joint immédiatement à quelques adjectifs terminés par *t*, *tudo*, aux autres avec une voyelle *i* de liaison : *quiet-udo(n)*, *-ĭnis* quiétude ; *inquiet-udo*, *consuet-udo*, *amari-tudo*, *lassitudo* ; *test-ūdo*, *inis*, écaille de tortue, de *testa* ; *hirūdo* sangsue, de *hira* boyau. V. **ŏ(n) ĭn-is, tūd-ĭn** (263, 144).

119. — **undŏ(n)**, *undĭnis*, produit *hirundo* hirondelle χελιδών, όνος ; *arundo -inis* roseau ?

120. — **T** a une grande importance comme lettre dérivative. Avant d'entrer dans le détail des nombreux suffixes auxquels il donne lieu, nous allons grouper quelques mots où *t* formatif est suivi d'autres suffixes : *brac-t-ea* feuille de métal, cf. βράχω bruire ; *bes-t-ia* bête, *fis-t-ula* chalumeau, *fes-t-uca* fêtu, *fis-t-uca* batte, *pas-t-illus* pastille et *pas-t-illum* gâteau, diminutif de *pas-tus* nourriture ; *pis-t-illum* pilon ; — *vestigium* (*ve*, *stigo*, cf. στείχω) *fastigium* et *fastidium*, ont fait le tourment des étymologistes, sans résultat bien satisfaisant.

121. — **ta** forme des noms masculins d'agent, gr. τη-ς, dor. τα-ς, éol. τα : *poe-ta*, *athle-ta*, *navi-ta* ou *nau-ta*, *come-ta*, *plane-ta*. La plupart sont précédés d'un autre suffixe **is**, provenant originairement de verbes en *iz-o* : *petauris-ta* danseur de corde ; *citharis-ta* joueur de cithare ; *lanis-ta* (cardeur de laine, *lanio* déchirer), maître de gladiateurs ; *sacris-ta*, gardien du trésor d'un temple.

122. — **ta, sa** forment, 1° des noms féminins d'action : *luc-ta* lutte ; *mulc-ta* punition, cf. *mulcare* ;

vindic-ta vengeance; *loc-us-ta* sauterelle, cf. *loquor*; *vi-ta* p. *victa*; *sec-ta* secte; *balis-ta* baliste, βάλω* lancer; *noxa* (*noc-sa* p. *noc-ta*) dommage (v. fr. nuisance); *coxa* cuisse; *cap-sa* cassette; *rixa*. — 2° Des noms d'état : *juven-ta*, *senec-ta*. — 3° Des noms divers : *genis-ta*, *lepis-ta*, cf. λέβης; *aris-ta*, *cis-ta*, *cos-ta*. — 4° Des noms de choses, passifs, qui doivent être rapportés à *tus* partic. passif : *tes-ta* p. *ters-ta*, cf. *tergo*, τέρ-σω sécher; *plan-ta*, *por-ta*, *per-o** percer; *gut-ta* (*gu-ta*) χύ-ω verser : *cris-ta* crête, aigrette, cf. *cris*(*pus*), *hirs*-(*utus*); *crus-ta* croûte solide; *has-ta* lance, javeline; *hando* (*had-o**) prendre. — Dans certains mots *ta* est précédé de *i* voyelle de liaison : *ami-ta*, *culcita*, *cucurbita*, *orbita*, *semita*.

123. — **tu**-*s* forme des noms masculins : *lec-tus* lit, λέχ-ος, cf. *locus*; *ces-tus* ceste, ceinture de Vénus, pp. brodé; *hor-tus* enclos, jardin; *pon-tus* mer, pp. eau, et *ven-tus* vent, formes nasalées, comme βένθος et πένθος sont venus de βάθος, πάθος; *cubi-tus* coude, *digi-tus* doigt.

124. — **tu**-*s*, **su**-*s*, forme les adjectifs verbaux, passifs, excepté dans les verbes dits *déponents* ou faux passifs : *dictus*, *amatus*, *deletus*, *monitus*, *auditus*, *acutus*. — *Tus* devient *sus* par euphonie dans les mots dont le radical a une dentale finale : *læsus*, *cusus*, *passus*, etc., p. *læd-tus*, *cud-tus*, *pat-tus*.

A. Notre suffixe forme encore beaucoup d'adjectifs qui ne sont pas ordinairement considérés comme des participes passifs, mais en sont pourtant de très-véritables. Tels sont : *ap-tu-s*, *argu-tus*, *angustus*, *augustus*, *beātus*, *castus*, *certus*, *cunctus*, *curtus*, *festus*, *infestus*, *lātus*, *lautus*, *mactus*, *mœstus*, *multus*, *mutus*, *libertus*, *peritus*, *putus*, *suetus*, *tōtus*, *vastus*, *invitus*, etc.

B. Le latin a la propriété de former une espèce d'adjectifs passifs, de tout point semblables aux participes de même nom, mais formés sans l'intermédiaire de verbes qui n'existent pas : ce sont des adjectifs possessifs : *aculea-tus barbatus crenatus cristatus oculatus*, fourni d'aiguillons, de barbe, *falcatus* courbé en faux. — *Auritus crinitus ignitus mellitus turritus;* — *argutus astutus canutus cinctutus cornutus hirsutus nasutus versutus verutus.* Quelques-uns prennent le *s* dérivatif euphonique : *angu-s-tus augu-s-tus ungu-s-tus fidu-s-tus verbu-s-tus.*.

C. Sont faits sur le même modèle les noms et adjectifs de relation suivants : *avītus, patrītus, marītus; marīta, pituīta.*

D. Ici se place une classe d'adjectifs considérés à tort comme composés de *stare*. Ils sont dérivés de noms neutres en *us, ŭs-is* (devenu successivement *ŏs-is, ĕs-is*, puis *ŭr-is, ŏr-is, ĕr-is* : V. **us**). Quelques-uns sont formés d'autres noms, et même d'adjectifs et de verbes. Les uns ont conservé *us* primitif, les autres ont adopté *es* plus récent : — *jus-tus, robus-tus, onus-tus, venus-tus, vetus-tus; funes-tus, tempes-tus, sceles-tus, moles-tus, modes-tus*, etc., sont formés de *jus, robus** *robur, oris, venus, vetus; funus -es-is, scelus -esis, honus -esis*, etc. Comme on le voit, plusieurs des noms qui servent de base à ces adjectifs ou ont changé de forme, ou ont été remplacés par des formes différentes; ainsi *honus esis, molus esis, robus usis*, sont devenus *honōr-is, moles-is, robŏr-is*. Au reste, cette analogie existe encore dans des noms d'une autre espèce. Ainsi *arbus-tum, arbuscula, munus-culum, jus-culum*, etc., supposent les formes dont il est question.

E. **tu**-*s* forme encore les adjectifs numériques ordinaux : (*ter-tius* p. *ter-tus*, cf. τρί-τος), *quar-tus, quin-tus, sex-tus, quŏ-tus* quantième, *tŏtus* tantième, différent de *tōtus* entier.

125. — **tu**-*m* forme des noms qui ne sont que le neutre d'un participe correspondant, et signifient le *résultat* de l'action, la *chose faite* : *dic-tum* parole ; *factum* action ; *moni-tum* avis ; *lu-tum* chose délayée, boue ; *frus-tum* chose brisée, fragment ; *ser-tum* chose liée, bouquet, guirlande ; *acetum* (vin) aigri, vinaigre : — *pensum*, *responsum*, p. *pend-tum*, *respond-tum*. — Quelques-uns de ces dérivés n'ont pas la signification passive indiquée par leur forme : *fre-tum* chose qui sépare? détroit, que l'on rapporte ordinairement à *ferveo* ; *fu-tum* pot à eau, *fu-o** verser ; *tec-tum* chose qui couvre, toit ; *scū-tum* bouclier, *scu-o** couvrir ; *lē-tum* (non *lethum*) mort, ce qui détruit, *lio** dissoudre ($\bar{e} = ai$, 30).

126. — **ētu**-*m*. L'analogie place ici une classe nombreuse de noms collectifs, signifiant un *lieu garni* et *rempli* de choses indiquées par la racine. *Arbor-ētu-m*, *frutic-etu-m*, *alnetum*, *rosetum*, *vinetum*, *viretum*, lieu planté d'arbres, d'arbrisseaux, etc. : *saxetum*, *rudetum*, lieu plein de pierres, de décombres, *soricetum* nid de souris. — *etum* s'abrége quelquefois devant le le suffixe *ic* ou *ec*, *salic-tum*, *carec-tum*. — **ētu**-*m*, **ētu**-*s*, **ēta**, forment encore des mots sans analogie avec les précédents pour le sens : *oletum*, latrine, *oleo* ; *moretum* sorte de ragoût composé ; *combretum* cabaret, plante ; *amulētum* amulette, *amolior* ; *tucetum* hachis, *tem-etum* vin, d'où *temu-lentus* ivre, et *abs-temius* qui ne boit pas de vin ; *acetum* vinaigre ; *veteretum* jachère ; *trapētum* pressoir, cf. τρέπω : *vi-ētus* vieux, passé, cf. *viare* ; *facetus* enjoué : *mon-ēta* monnaie, *rubēta* grenouille de buissons.

127. — **ăt**, **ĕt**, **it**, **t**. Ce suffixe forme des adjectifs de relation qui expriment l'*origine*, le *pays* dont on est originaire : V. **ensis**. *Arpin-as*, *-ātis*, *Arde-as*, *-ātis*, *Atinas*, *Aquinas*, *Urbinas*, *nostrās*, *vestrās*, *cu-*

jās, etc.; natif d'Arpinum..., de notre..., de votre..., de quel pays. — *Penātes* (*dii*) les dieux de la maison : — *Cærĕtes*, *Samnītes*, *Tibur-tes*, *Camertes*; *Pic-entes*, *Laur-entes*, *Vej-entes*. — Ces noms-adjectifs sont analogues aux formes grecques ιάτης contraction ίτης et άτης (ι rejeté), dérivés probablement de **i** aller, pp. allant, marchant, venant ou descendant de. — Dans *magnates*, *optimates*, *supernas*, *infimas*, le suffixe représente la *condition*, la position sociale.

128. — **ātu**-*s* forme des noms qui signifient *état*, *profession*, *qualité* : *apostol-atus*; *consul-atus*, *magistr-atus*, *princip-atus*, *cœlib-atus*, *prim-atus*, qualité d'apôtre, etc. — *Bim-atus*, *trim-atus*, etc., âge de deux, de trois ans. — Des noms collectifs : *sen-atus*, *equit-atus*, *pedit-atus*, *comit-atus*. — V. **atru** (164).

129. — **it**, **ĕt** : ce suffixe forme des adjectifs et des noms-adjectifs, c'est-à-dire exprimant des *états*, *qualités* ou *professions* : *ales al-ĭt-is* ailé, *div-es -ĭt-is* riche, *cælĭtes* (*dii*) les dieux du ciel, *velites* voltigeurs : — *eques -itis* cavalier, *pedes -itis* piéton, *miles satelles cocles* (*c* initial paraît privatif = *ex* + *oculus*) : — *poples*, *gurges* formés par analogie. — Dans quelques mots *it* devient *et* par assimilation avec la voyelle précédente : *teres terĕtis* arrondi ; *hebes hebĕtis* émoussé ; *seges segĕtis* blé en herbe ; *vegĕtus* vif, *vegeo* exciter, Lucrèce ; pour *teritis*, etc. Au contraire, dans les suivants *e* remplace *i*, à cause de l'*i* précédent, par dissimilation : *abies ĕtis*, *aries ĕtis*, *paries ĕtis*, p. *abi -itis*, etc.

130. — **itta** forme *sag-itta* flèche, **sag** percer.

131. — **uitu**-*s*, forme *gratuitus* et *fortuitus*. Joignez-y pour la forme, *pituita*.

132. — **ōt**, **ōtu**-*s*, *nepos nepōtis* neveu, **nep** *unir* ; *dos*, *dōtis* dot, **da**, **do**, donner, cf. *dō-num* ; *sacerdōs -ōtis* prêtre, *qui sacra dat* (*facit*). — *Nodōtus*, appelé

aussi *Nodinus*, dieu des moissons quand elles se nouent; *ægr-ōtus* malade.

133. — **ūt, ūta** : de là *salus salūtis* : — *alūta* peau alunée? cf. *alumen*, d'un verbe *aluo** de sens incertain; *cicūta* ciguë, *Matūta* l'Aurore, d'où *matutinus*.

134. — **(e)nt** : *e* voyelle de liaison. Ce suffixe très-connu forme les adjectifs dits participes présents. Sa forme primitive (*uns, unt-is*) s'est conservée dans le seul *i-ens, euntis* et ses composés. *Duc-ens -entis, mone-ns -entis, audiens, ama-ns ama-ntis.* — Il faut regarder comme participes les adjectifs *frequ-ens, rec-ens, prudens* pour *providens, rĕ-pens*, et les noms *dens* p. *edens* mangeant, cf. ὀδούς ὀδόντος, ἔδω; *cliens* p. *cluens, cluo* écouter, obéir. — V. **endu**-*s* et **undu**-*s* (109, 110).

135. — **ent, entu**-*s* et **l-ent, l-entu**-*s*, forme *cru-entus* sanglant, *cru-or* sang; *sil-entus* silencieux. — Précédé de **l** avec une voyelle de liaison *u, o, i*, il fait un grand nombre d'adjectifs : *lutu-l-entus* boueux; *juru-lentus* juteux; *opu-lens* et *opu-lentus, succu-lentus, turbu-lentus, viru-lentus, temu-lentus* ivre, *temum** *tem-etum* vin; — *sanguino-lentus, vio-lens* et *violentus, vino-lentus* : — *maci-lentus, pesti-lens* et *pestilentus*.

136. — **entu**-*m*, donne des noms de lieu : *Agrigentum, Tarentum, Buxentum.* — Des noms divers : *flu-entum, ungu-entum, pil-entum* voiture garnie, dit-on, de coussins en laine foulée, πῖλος; *carpentum* voiture légère; *talentum* talent, poids ou somme : — *placenta* galette plate, πλακο-εῖς, -έντος; *polenta* espèce de farine. — *Ent* est affaibli de *ant*, au moins dans plusieurs mots : Ἀκραγᾶς, ἄντος, Τάραντον, τάλαντον.

137. — **ti**-*s*, **si**-*s*, forme des noms masculins et féminins : *cu-ti-s* peau, **cu** couvrir; *fus-ti-s* bâton pour battre; *hos-ti-s* étranger, ennemi; *vec-tis* bâton

pour porter; *pos-tis* poteau : — *ves-tis* vêtement; *ra-tis* vaisseau; *si-tis* soif; *vi-tis* vigne, *vieo* d'où *vimen*, *vitex*; *sen-tis* ronce, σίν-ω; *res-tis* corde, cf. *rete* : — *ti* s'affaiblit dans *mes-sis* moisson pour *mettis*, *classis* v. l. *clasis*, κλάω briser, et *mensis* mois, *metior* mesurer. — *ti* s'abrége au nominatif de quelques noms : *mens* p. *men-tis* qui se trouve dans Ennius, μέν-ος; *gens* p. *gen-tis* race, famille; *ars* p. *ar-tis*, *fors* p. *fortis*, *mors* p. *mortis*, *pars* p. *partis*, *sors* p. *sortis*; *quiēs* p. *quiētis*; *quieo** reposer. — *ti* forme encore les adjectifs *for-tis* (cf. *forc-tus* bon, Festus) brave; *tris-tis* cf. τρέσ-της, et peut-être *mitis*; il paraît abrégé dans *quiēt* et *inquiēt*, *mansuēt*, *locuplēt* (*quies*, etc.). Joignons ici les adjectifs de relation *agres-tis*, *cœles-tis*, où *es* peut être considéré comme une ancienne forme de cas. On peut y voir aussi *st-are*, *qui* stat *in agro*, *in cœlo*. V. **ticu**-*s* (145), **tr**-*is* (160). — **ti** entre dans **t-iōn** (275).

138. — **tia**, **tiē**-*s*, **tiu**-*m*. Ce suffixe se joint à des radicaux d'adjectifs, de noms ou de verbes, pour former des noms abstraits qui signifient la *qualité* correspondante : *amici-tia* amitié, *avari-tia* avarice, *justi-tia* *stulti-tia*, *mali-tia*; *molli-tia* : — *avari-tiē-s*, *cani-tiē-s*, *plani-ties*, *molli-ties*, *sævities*, *durities*; — *calvi-tiu-m*, calvitie; *servi-tiu-m*, *sodali-tium*, *flagi-tium*, *spa-tium*, *exerci-tium*, *ini-tium*, *os-tium*, *capilli-tium* chevelure épaisse, *barbi-tium* barbe touffue.

139. — **tiu**-*s* forme des adjectifs que l'on écrit aussi par *c*, en sorte que l'orthographe flotte incertaine : *no-vi-tius* novice, *sodali-tius* de camarade, *cæpi-tius* d'ognon, *ædili-tius* d'édile, *cæmenti-tius*, *gentili-tius*. — Dans la plupart de ces adjectifs le suffixe *tius* se joint au radical d'adjectifs verbaux en *tus* : *facti-tius* factice, *ficti-tius* feint; *missi-tius* congédié; *nutriti-tius* nourrissant.

140. — **tu**-*s*, **su**-*s*, signifie l'*action* du verbe, le *résultat* de cette action : *sal-tu-s* saut; *ques-tu-s* plainte; *ic-tu-s* coup; *spiri-tus*, *vomi-tus*, *moni-tus*, *bala-tus*, *vena-tus* : — *por-tus* port, *æs-tus*, αἴθ-ω, *me-tus* crainte; *ar-tus*, *cæs-tus* gantelet, *cædo* frapper; *sal-tus* forêt, cf. ἄλσος, ἄλτις; *fruc-tus* fruit, *frug fru*(*h*) manger. — *Casus*, *lusus*, p. *cad-tu-s*, *lud-tu-s*. — Le suffixe *tu* forme encore *as-tu*, n. (ville), ruse, **as** habiter. — C'est l'accusatif de ces noms en *tu-s* qui donne naissance à la forme d'infinitif appelée *supin*. Ainsi *monitum*, *venatum*, *lusum*, *questum*, etc., supins des verbes *moneo*, *venor*, etc., ne sont autre chose que l'accusatif des noms verbaux *monitus*, etc., avertir, action d'avertir. *Eo* (*ad*) *dormitum*, *venio* (*ad*) *lusum*, je vais (au) dormir, je viens (au) jeu.

141. — **tumu**-*s* (94).

142. — **tāt** forme des noms abstraits de *qualité*; tantôt il se joint immédiatement au radical des adjectifs, tantôt il admet devant lui la voyelle de liaison *i* : *facul-tas tāt-is* faculté; *pauper-tas tāt-is*, *liber-tas*, *simul-tas* haine dissimulée; *uber-tas*, *volup-tas*, *vol-un-tas* p. *vol-unt-tas* : — *agili-tas*, *æqui-tas*, *avidi-tas*. Quelques mots sont formés de noms en *us* (génitif *us-is**, *es-is** -*eris*) : les uns ont conservé *us* primitif, *venus-tas*, *vetus-tas*; les autres ont pris *es*, *tempes-tas*, *hones-tas*, *majes-tas*, *pesestas*=*pestis* (Festus). — Dans les noms formés d'adjectifs en *ius*, l'*i* euphonique se change en *e* par dissimilation, pour éviter deux *i* (*ii*) consécutifs : *anxie-tas*, *ebrie-tas*, *medie-tas*, *nimie-tas*, *pie-tas*, *proprie-tas*, *societas*, *sobrietas*, *satietas*, *va-rietas*.

143. — **tūt**, identique avec **tāt** dont il ne diffère que par la voyelle, a le même sens : *vir-tus*, *tūt-is*, force, etc.; *juven-tus*, *senec-tus*, *servi-tus*.

144. — **tūd-ĭn** (*t-ud-on*) s'ajoute au radical des adjectifs pour former des noms abstraits : *ægri-tudo, -tudinis* tristesse, ennui ; *acri-tudo, beati-tudo, amari-tudo, certi-tudo ; simili-tudo, pleni-tudo, forti-tudo*, etc. V. **ēd-ĭn, id-ĭn, ūd-ĭn** (116, 117, 118).

145. — **tĭcu-**s donne les adjectifs *rus-ticus, Ligus-ticus* Ligurien, *domes-ticus.* Pour *es*, cf. *agres-tis, cœles-tis, rures-tris, campestris*, etc., où *es* peut être une ancienne forme de cas. Il entre encore dans les suivants, où même l'on peut aussi voir *aticus : aqua-ticus, pompa-ticus, silva-ticus, erra-ticus, fana-ticus.* V. **icu-**s, **ti-**s (185, 137).

146. — **ticu-**m, neutre de *ticus*, forme les noms : *can-ticum* chant ; *tri-ticum* froment, **ter** broyer.

147. — **tariu-**s entre dans *soli-tarius, hæredi-tarius, prole-tarius, volup-tarius* voluptueux. V. **ariu-**s (212).

148. — **ter.** Selon les apparences, le nom de l'*agent* a dû être terminé en latin en *er* comme il l'est dans le grec et dans les langues germaniques congénères. Le grec a conservé *er* primitif et simple dans un petit nombre de mots, et le plus souvent il y est précédé de *t* dérivatif (t-er, τ-ηρ). Peu de noms d'*agent* y finissent en *tor*. Le contraire a lieu en latin, où la première terminaison a presque entièrement disparu et a fait place à la deuxième, qui existe exclusivement seule. Les restes de ce suffixe sont *a-er, æth-er*, tout grecs. Nous avons déjà vu *faber*, où nous avons considéré *ber* comme suffixe, mais *b* pourrait bien n'être qu'euphonique, et alors *er* seul serait le nom de l'*agent*. Il en est de même de *arbiter* (*ar-bit-er*) = *ac-cessor*, car *ar* = *ad*, et *bit-er* de *bito* aller. On pourrait aussi diviser *bi-ter*. *Cul-ter* soc de la charrue, cf. *colo ;* mais *ter* peut être pris pour *trum* instrument. En somme, *er* ou *ter*, nom d'agent,

n'existe pas ou plus dans le latin, excepté dans trois *noms de parenté* où il a bien encore cette signification quoique voilée : ce sont *pa-ter* père, pp. protecteur, nourricier; *fra-ter* frère ; *mā-ter*, qui offre un nom d'agent masculin, = *mah-ter*, celle qui produit. Ces mots qui, sous des formes diversement modifiées, sont de toutes les langues de la famille indo-européenne, appartiennent au suffixe *ter* désignant l'*agent*.

149. — **tōr.** Ce suffixe est la véritable forme du nom de l'*agent* : *ac-tor*, *ac-tōr-is* acteur ; *ara-tor* laboureur; *ama-tor*, *moni-tor*, *pis-tor*, *sculp-tor*, etc. — *Tonsor*, *messor* pour *tond-tor*, *met-tor*. — Les suivants sont aussi des noms d'agent quoique formés sans l'intermédiaire de verbes : *vini-tor*, *jani-tor*, *fundi-tōr*, *oli-tor* pour *oleritor*, *gladia-tor*.

150. — **tūr** est aussi nom d'agent dans *vul-tur* vautour, *volo* voler, *u* p. *o* par assimilation ; *gut-tur* p. *gus-tur*, n. gosier, cf. *gus-to* (1).

151. — **tr-ic** (*tr* + *īc*) nom de l'agent féminin, formé par l'addition de *īc* à *tor* : *al-trix*, *al-tric-is* nourrice ; *canta-trix* cantatrice ; *salta-trix*, *su-trix*, *actrix*, *vena-trix* ; — *nu-trix* p. *nutri-trix* nourrice ; *tons-trix* p. *tond-trix*. — Ce *īc* signifie *semblable* (εἴκω, εἰκών, ἴκ-ελος); de même en grec τρ-ιδ = τορ + ιδ, racine ιδ voir.

152. — **tūra, sura**, dérivé du nom de l'agent, forme des noms abstraits signifiant l'*action*. Il est donc l'équivalent de *tu* et de *tiōn*. — *Cap-tūra*, *cul-tūra*, *pic-tūra*, *su-tūra*, action de prendre, de cultiver, etc. — *Pensura*, *tonsura*, p. *pend-tura*. — *Fig-ura* est le

(1) *Guttur* a été masculin : *et ventrem et* gutturem eumdem (Lucilius). — Exercebam ambulando, ut *siti* capacior *ad cœnam veniret* guttur. (Varron, in lege Mænia.)

3.

seul formé immédiatement de la racine sans l'addition du *t* dérivatif. — **tūra** forme encore le nom de quelques charges : *præ-tura*, *cen-sura*, *dicta-tura*, *quæs-tura*; de *præ-tor*, *censor* p. *cens-tor*.

153. — **tūru-***s*, forme des adjectifs verbaux, dits participes futurs actifs : *fu-turus*, *fac-turus*, *ama-turus*, *moni-turus*, etc.; devant être, agir, etc. — *Lusurus*, *pensurus*, p. *lud-turus*, *pend-turus*. — *turu-s* (*tu* + *rus*) est probablement formé de *tu* désignant l'action, + *ru-s*, et signifie par conséquent *relatif à l'action, qui la fera*. Et cela n'est pas étonnant ; en effet, *tu* fait les noms dont l'accusatif *tu-m* produit le supin, qui, dans l'usage qu'on en fait, rapporte toujours l'action au futur, comme il est facile de s'en convaincre (ex. : *veni*, *venio*, *veniam lusum*).

154. — **tōriu-***s*, **sōriu-***s*, dérivé du nom de l'agent par l'addition de *iu-s* (72), signifie *relatif à l'agent*, *à l'action* : *adula-torius*, sentant l'adulation ; *alea-torius*, *ama-torius*; *ara-torius*, *ora-torius*, *vena-torius*, concernant les jeux de hasard, l'amour. — *Fusorius* pour *fud-torius*.

tōriu-*m*, **sōriu-***m* : ce suffixe, employé comme nom, est le neutre des adjectifs précédents ; il signifie un *lieu disposé* pour un objet, un *moyen préparé* pour obtenir un effet voulu : *ama-torium* breuvage pour inspirer l'amour ; *audi-torium* salle disposée pour une lecture publique, *dormi-torium* dortoir ; *adju-torium* moyen de secours ; *alea-torium* salle de jeu ; *oper-torium*, *territorium* : *lusorium*, *tonsorium*, p. *lud-torium*.

155. — **tru-***m*, **tra**, signifie en général l'*instrument*, le *moyen* ; il admet quelquefois devant lui le *s* euphonique, et change aussi par euphonie en *s* la dentale qui le précède : *ara-trum* charrue ; *haus-trum* seau ;

scep-trum bâton pour s'appuyer, cf. *scapus*, *scapula*; *claus-trum* barrière; *ros-trum* bec, *rodo* ronger; *ras-trum*, *rado* gratter; *fere-trum*, *fulge-trum*, *plaus-trum* (*plaud*), *capi-s-trum*, *lu-s-trum*, *luo* laver; *cani-s-trum*; cf. κάναστρον (? *canio** creuser, cf. *canalis*). — **tra** : *mulc-tra* vase à traire; *fenes-tra* et *fes-tra*; *fulge-tra*. — V. **bra**, **bru**-*m*, **cru**-*m*.

156. — **trīna**, **trīnu**-*m* (*tr* + *īn*) composé de *in* ajouté au nom de l'agent, désigne : 1° une *profession* ou une *action*; 2° le *lieu* où elle s'exerce; 3° l'*objet* de cette action : *la-trina* salle de bains, *lavo* laver; *mole-trina* moulin; *pis-trina* id., boulangerie; *fura-trina* métier de voleur; *su-trina* boutique de cordonnier; *doc-trina* instruction. — *Trinum* ne signifie que le lieu : *la-trinum*, *pis-trinum*, *su-trinum*.

157. — **ter**(*us*), forme des adjectifs de *relation* qui renferment implicitement l'idée de comparaison, valeur explicite de ce suffixe en grec, τερο-ς : *al-ter* autre; *dex-ter* et *sinis-ter* droite et gauche, quelle que soit leur racine, offrent la même notion de comparaison; *u-ter* lequel des deux, rapproché de son équivalent πό-τερος, a perdu son signe initial de relation π, latin *qu*, comme *u-bi* π-οῦ; ses composés *ne-uter*, *alter-uter*. — Viennent ensuite les adjectifs suivants, conservés ou perdus au positif, mais qui se retrouvent dans les comparatifs et superlatifs, prépositions et adverbes qui en sont nés : *in-ter(us)** *in-terior in-ter in-tra intrò*; *ex-terus exte-rior extrà*, *extrò*; *de-ter(us)** *de-terior*; *sub-ter(us)** *sub-ter*; *con-ter(us)** *con-tra*; *ci-ter(us)** *citerior citra*; *ul-ter(us)** *ulterior*. De même *an-ter-ior* suppose *anter-(us)*; *pos-ter-ior* vient de *posterus* pour *post-terus*; *re-trò* suppose *re-ter(us)** rétrograde; et *i-terum* est le neutre d'un adjectif *i-ter(us)** où la racine **i** est la même que dans *i-s*, *idem* p. *i-s* + *dem*, *i-ta*, *i-bi*.

158. — **as-ter, as-tra, as-tru**-*m*, paraît formé de *ter* précédent, relatif, enté sur un autre suffixe *as* qui rappelle les verbes en *az-o* (293), indiquant la ressemblance, la relation. Notre suffixe forme des noms et des adjectifs ordinairement de signification péjorative, exprimant la *dégradation* et la *détérioration*. Joint à un nom de plante, il signifie qu'elle est sauvage. *Oliv-aster* olivier sauvage; *porc-aster* grand porc; *parasit-aster* apprenti parasite; *philosoph-aster* sophiste; *catul-aster* jeune homme fait : *catul-astra* fille nubile; *pull-astra* poulette : *ment-astrum*, *ocim-astrum* menthe et basilic sauvages; *siliqu-astrum*, *palli-astrum* mauvais manteau. — *Calv-aster* à demi chauve; *form-aster* bellâtre, *rav-aster* roussâtre, *surd-aster* sourdaud; *grav-aster* senior, Festus.

159. — **is-ter** : *ter* appuyé sur *is*, de verbes en *iz-o?*, forme *min-is-ter*, *ministra* aide, serviteur, servante, *minio** aider, d'où *ad-mini-culum; mag-is-ter* maître qui enseigne, *magio** enseigner?, cf. *magus* mage, savant : peut-être dans ces deux mots ne faut-il voir que la *petitesse* et la *grandeur* (*min*, *mag*) relatives. *Sin-is-ter* gauche, sans explication plausible, quoique Varron dise, *sinistræ aves, sinistrumque et sinistimum auspicium, id est, quod sinat fieri; sin-io** (ou *sino*) + suffixe *ter*.

160. — **(es)-tr**-*is* (*ter-is*) forme les adjectifs *terr-es-tris*, *camp-es-tris*, *ped-es-tris*, *equ-es-tris*, où *es* est peut-être une forme de cas; *palus-tris* marécager, pour *palud-tris; bi-mes-tris*, *tri-mes-tris*. Ici *tr*, *ter* conserve bien son caractère de relation.

161. — **terna** forme les noms suivants : *cis-terna* citerne, cf. *cis-ta; su-terna* ouvrage cousu; *tex-terna* atelier de tisserand; *fus-terna* bâton noueux, cf. *fus-tis; bas-terna* litière, cf. βαστάζω : — *laterna* ou *lanterna*

lanterne, paraît répondre à λαμπτήρ; l'étymologie « *in quâ lucerna latet* » n'est guère admissible (231).

162. — **ter-nu**-*s* forme les adjectifs de relation et de temps : *ex-ter-nus* extérieur; *in-ter-nus* intérieur; *hes-ter-nus* d'hier, *hesi** *heri*, χὲς devenu χθὲς; *sempi-ternus*, *æ-ternus*; cf. *æ-vum*, *æ-tas*. — V. **er-nu**-*s*.

163. — **t-ur-nu**-*s* forme *diu-turnus*, de longue durée, *diu*; *taci-turnus* taciturne : on peut les tirer de *diutus** d'où *diutius*, et de *tacit-us*. — Des noms d'action : *Man-turna* la persévérante, *man-eo*; *Ju-turna* la brillante; *Sa-turnus* le semeur; *Vul-turnus* et *Vol-turnus* le rapide; *Min-turnæ*, *min* petit? — V. **ur-nu**-*s*.

164. — **atru**-*s* forme des noms de rapport, relatifs au nombre de jours écoulés depuis les Ides : *tri-atrus*, *quinqu-atrus*, *sex-atrus*, etc.; le troisième, le cinquième, le sixième jour après les Ides. *Forma vocabuli ejus exemplo multorum populorum Italicorum enunciata est, quod post diem quintum Iduum est is dies festus, ut apud Tusculanos triatrus et sexatrus et septimatrus, et Faliscos decimatrus* (Festus).

165. — **t-ili**-*s*, **s-ili**-*s* : le suffixe *ilis* se joint au *t* ou *s* dérivatif, et forme des adjectifs qui expriment comme ceux en *ilis* la possession actuelle ou la capacité d'acquérir la qualité indiquée par la racine : *coc-t-ilis* cuit, *duc-t-ilis* ductile, *trac-t-ilis* *motilis* *sutilis* *vitilis*, qu'on peut tirer, mouvoir, coudre, lier : *rota-tilis* se mouvant circulairement, *simula-tilis* feint, *versa-tilis* tournant facilement : — *scansilis* pour *scand-tilis*, *mis-silis*, *flexilis*. — Quelquefois les deux formes existent simultanément, *sensilis* et *sensibilis*, *flexilis* et *flexibilis*. — V. **ili**-*s* (243).

166. — **at-ili**-*s*, se joint au radical des noms pour former des adjectifs de relation semblables de forme aux

adjectifs verbaux que nous venons de voir (*versatilis*); la seule différence, c'est que les uns viennent de verbes et les autres de noms : *aqu-atilis* aquatique, *ham-atilis* en forme d'hameçon, *fluvi-atilis, plum-atilis, pluvi-atilis, sax-atilis.*

167. — **t-ĭn** forme les noms : *glu-ten* colle, glu, cf. *γλία; pec-ten* peigne. — V. **ĭn.**

168. — **tĭnu**-*s* forme les adjectifs *diu-tĭnus* de longue durée; *cras-tĭnus* de demain; *pris-tĭnus* d'autrefois, *pris=priùs; horno-tĭnus* de l'année, *hornus* (ὥρα); *anno-tĭnus* d'une année; *sero-tĭnus* du soir, tardif; *rumpo-tinæ arbores* arbres qu'on place à distance pour soutenir la vigne. — V. **ĭ-mus** (252).

169. — **t-īnu**-*s* forme des adjectifs : *vesper-tīnus* du soir; *matu-tīnus* du matin, pour *matuti-tinus, Matuta* l'Aurore; *liber-tīnus* fils d'affranchi; *intes-tīnus* intérieur (*intes = intus*, cf. *domes-ticus* pour *domus-ticus*). — V. **īnus** (268).

ti-ōn, nom d'action. **V. iōn** (275).

170. — **S.** — **si**-*s*, affaibli de **ti**, entre dans *mes-sis* moisson, pour *met-tis; clas-sis* (v. l. *clasis*) classe, *clao** briser; *tus-sis* toux, **tud** frapper, agiter (quatit *ægros* tussis *anhela sues*). Il forme encore *amă-sĭ-us* et *amasio(n-is)*, amant, cf. θαυμά-σιος, θεσπέ-σιος; *indū-sium* vêtement intérieur, *indu-o*. **si** entre encore dans **si-ōn**, action. — V. **t-iōn** (275).

171. — **ensi**-*s* : ce suffixe paraît être analogue à ήσιο-ς, nasalé, provenant de ντ; comme Μιλ-ήσιος de Μίλ-ητος. Il a donc de l'affinité avec les noms en *ĕt, āt* que nous avons vus. Il forme des adjectifs de relation qui désignent l'*origine*, le *lieu* où on se tient, la *relation*. *Carthagini-ensis* de Carthage, *Parm-ensis* de Parme, *Fanensis*, de Fanum, *Taurinensis, Lugdunensis.* — *Alg-ensis* vivant dans l'algue; *castr-ensis, for-*

ensis, relatif aux camps, au barreau; *petr-ensis* habitant dans les rochers.

172. — **is**, cas obliques **ĕr**-. Le vrai suffixe est *is*, *er* n'en est qu'une forme affaiblie, qui trouvera sa place à **r** : *cin-is*, *cin-ĕr-is* (218).

173. — **ōsu**-*s* : suffixe d'adjectif exprimant *plénitude, abondance*, quelquefois *ressemblance* : *ann-osus* chargé d'ans, *aqu-ōsu-s* aqueux; *cœn-ōsus* boueux, *petr-ōsus, sax-ōsus, pisc-ōsus, vin-ōsus.* — V. **ōru**-*s* (223).

174. — **isca**, **iscu**-*s*, forme quelques mots semblables pour la forme aux diminutifs grecs en ισκος, ισκη : *corn-isca* corneille; *scutr-iscum* bouclier (Caton); *lent-iscus* lentisque, *tamar-iscus* tamarin, *mariscâ* espèce de figue; *mariscus* et *mariscum* jonc marin; *carp-iscus.*

175. — **issa** forme les noms suivants : *far-issæ* caves du Capitole; *vibr-issæ* poils des narines; *mant-issa* ce qu'on donne par-dessus le poids ou la mesure: mot étrusque, selon Festus.

176. — **ŭs**, cas obliques **ŭr**-, **ŏr**-, **ĕr**. C'est la vraie forme et place de ce suffixe, que cependant nous ne mentionnerons ici que pour mémoire.

simu-*s*, superlatif, et **es-ĭmu**-*s* ordinal. V. **ĭmu**-*s* (91, 92).

C. Consonnes gutturales (**g**, **c**, **qu**).

177. — **G**. — **g** est formatif dans *stra-g-es*, cf. *stra-tum*, et *se-g-es* de *sĕ-r-o, se-vi, semen.*

178. — **āgŏ(n)**, **āgin** : ce suffixe et les suivants, qu'on peut regarder comme n'en faisant qu'un, composé de **g** précédé de *a*, de *i* ou de *u* + **in**, forme des noms de nature diverse, les uns d'action, les autres de rapport. *Vor-āgo -āginis* gouffre; *im-āgo -inis* image; *vir-āgo* femme robuste, *vir-go* pour *vir(a)go* fille ou

femme, est le même mot abrégé; *plumb-āgo, lumb-āgo.* — Diverses plantes : *citr-āgo* citronelle; *lappago* bardane; *plantago, solago, borago, farrago* mélange de plusieurs grains, *farr-is; sartāgo,* poêle à frire, incertain : *indago* filet, est étranger ici, si sa racine est *dag* = δέχ-ω* prendre, contenir; mais peut-être doit-il être divisé *ind-ago, indu* = *in* + suffixe *āgin.* — Dans quelques mots *ago* est précédé d'un autre suffixe, *il*; *cun-il-ago* de *cun-ila,* κον-ίλη; *cart-ilago, muc-ilago, sals-ilago.*

179. — **īgŏ(n), igĭn** : *cal-īgo, inis* brouillard; *ful-igo, inis* suie, cf. *fulvus*; *or-igo urigo prurigo vertigo surdigo lentigo.*

180. — **ūgŏ(n), ūgĭn** : *ær-ugo, inis, ferrugo* rouille de cuivre, de fer; *lan-ugo* duvet; *alb-ugo* taie blanche de l'œil; *salsugo* liquide salé. — V. **ŏn** (**ĭn** 263).

181. — **C.** — **ca** forme : *bac-ca* baie; *buc-ca* bouche, d'où *buc-c-ina; es-ca* pour *edca* nourriture; *oc-ca* herse; *per-ca* perche, poisson; *vac-ca mus-ca fur-ca por-ca.*

182. — **ci** entre dans *fas-ci-s* faisceau, *fas-ci-a* bande, **fad** lier; *pis-cis* poisson.

183. — **ciu**-*s* forme des adjectifs qui, moins les deux premiers, s'écrivent aussi par *tius* : *patricius* patricien; *Fabricius* nom propre. — *Novi-cius, tribuni-cius,* etc. V. **tiu**-*s* (139).

184. — **cu**-*s* : *fis-cus* panier; *mus-cus* mousse; *floc-cus* flocon πλόκος; *mar-cus* marteau; *rus-cus* houx; *sac-cus suc-cus muc-cus* et *mu-cus.*

185. — **cu**-*s* forme aussi des adjectifs : *flac-cus* flasque μαλακός; *fus-cus* sombre = *fur-vus fus-vus**; *lus-cus* borgne; *cas-cus* tombant de vétusté = *cad-ucus,* cf. *cas-nar* (vieil homme, cf. *nero,* ἀνήρ); *rau-cus pau-cus pris-cus plan-cus* qui a les pieds plats; *spur-cus*

impur (*se-purus*); *ves-cus* comestible; *v* + *ed* manger. —Le plus souvent *cus* est précédé de *i* voyelle de liaison : *domini-cus*, *modicus*, *publicus* pour *populicus*, *unicus*, *sonticus*, *tetricus*, *urbicus*, *cœlicus*, *hosticus*. Quelques-uns de ces adjectifs s'emploient substantivement: *villicus* fermier; *medicus* médecin; *aulicus* courtisan. Cette observation peut s'appliquer, en partie du moins, aux noms en *ica*, comme *villica*. — *cus* et *i-cus* forment des noms de peuples ou s'y joignent pour faire des adjectifs correspondants : *Aurun-ci* cf. *Auson-es*, *Falis-ci* cf. *Faler-ii*, *Etrus-ci* cf. *Etrur-ia; Herni-ci* (habitants des rochers, *herna*, *harena*, d'où *arena*). — *Italicus*, *Gallicus*, *Germanicus*, *Africus*, etc.

cu-*s* se joint aux suffixes *l*, *r*, *n* : *fame-li-cus* affamé; *hi-ul-cus* entr'ouvert; *pet-ul-cus* qui frappe des cornes; *bu-b-ul-cus* bouvier; *su-b-ul-cus* porcher; — *nov-er-ca* marâtre; *Lup-er-cus* nom de Pan, qu'on explique, *noverca* nouvelle protectrice, et *lupos arcus*, de *arceo* : — *juv-en-cus* et *juv-en-ca* bouvillon, génisse, pour *juvenicus*, etc.

c sert aussi de base à *osus* dans *febri-c-osus* fiévreux; *tenebri-c-osus* ténébreux.

186. — **āc** forme un grand nombre d'adjectifs qui signifient la *grande quantité* ou l'*intensité* de la qualité : *aud-ax*, *āc-is* audacieux; *cap-ax* qui contient beaucoup; *bib-ax*, *ed-ax*, *fer-ax*, *fugax*, *loquax*, *tenax*, *sequax*, *vigilax*, etc. — Il faut joindre ici *forn-ax* fournaise, cf. *for-nus* four; *lim-ax* limace. — V. **oc**.

187. — **āca** donne des noms féminins : *clu-aca* et *clo-aca* égout, κλύ-ζω inonder, laver. Avec d'autres suffixes il fait beaucoup de noms de plantes : *pas-tin-aca* panais (la nourrissante), *portul-āca* pourpier; *verben-aca* = *verbena* verveine; *scand-ul-aca* liseron, plante grimpante, etc.

188. — **ăc-eu-s** forme des adjectifs de relation qui signifient la *matière*, la *nature*, la *qualité*, la *couleur* désignée par la racine : *ciner-aceus* cendré ; *cori-aceus* coriace ; *crust-aceus* crustacé ; *herb-aceus*, *heder-aceus*, *membran-aceus*, *gallin-aceus* : — *herin-aceus* hérisson.

189. — **ācu-s** forme les deux adjectifs : *mer-ācus* pur, de *merus* ; *op-ācus* opaque, *op-s* terre ? Il est possible que *pac* soit racine (*o-pac*) avec l'idée de densité.

190. — **ĭc** forme des noms de *plantes*, d'*animaux*, d'*objets divers* ; se joint à d'autres suffixes, surtout *m*, *n*, *t* : *car-ex -ĭcis* glaïeul ; *fru-t-ex -ĭcis* arbrisseau ; *sal-ix* saule ; *filix*, *larix* : — *ci-m-ex* punaise ; *cul-ex*, *mur-ex*, *sor-ex* : — *ap-ex* houppe ; *cort-ex* écorce ; *la-t-ex* liquide, **la** mouiller, laver ; *pu-m-ex* ponce ; *ver-tex*, *vortex*, *pantex*. — Il faut y joindre : *-pl-ex*, *pl-icis* ; *sim-pl-ex* simple, cf. *semel* ; *du-pl-ex*, etc. : cf. *sim-plus*, *du-plus* ; all. *Fal-te* pli, **pl**, ἁ-πλοῦς, δι-πλοῦς.

191. — **ĭca** = *ca*, forme des noms féminins : *vill-ĭca* fermière ; *ful-ĭca* foulque ; *man-ĭca* une manche ; *man-ĭcæ* menottes ; *mant-ĭca* sac ; *ped-ĭca* lacet ; *pert-ica*, *tunica*, *carica*, *fabrica*, *rubrica*, *brassica*.

192. — **ĭcu-m** forme *pan-icum* panic, espèce de millet ; *tox-icum* poison τοξικόν.

193. — **ĭcu-s**. V. **cu-s** et **tĭcu-s** (185 et 145).

194. — **īc** forme des noms et adjectifs : *corn-īx -īcis* corneille ; *perd-īx -īcis* perdrix ; *jun-īx* génisse (*junis* = *juvenis*) ; *lodix*, *matrix*, *radix*. — *Fœ-l-ix* pp. d'une belle venue ; *fu*-o produire ; *pern-ix* rapide.

195. — **īca** donne *am-īca*, *form-īca*, *ves-īca*, *ant-īca*, *lect-īca*.

196. — **īcu-s**, **iquu-s** et **inquu-s** ; *am-īcus*, *inim-īcus* ; *ant-īcus*, *post-īcus* antérieur, postérieur ; *apr-īcus* pour *apericus* exposé au soleil ; *mend-īcus* indigent ;

menda manque : — *ant-iquus*, *long-inquus*, *prop-inquus*.

197. — **ŏc** ne diffère pas de **ăc** pour le sens : *cel-ox -ōcis* bâtiment léger, *cel-er*; *fer-ox* très-farouche; *vel-ox* rapide, cf. *volare*; *volv-ox* ver qui s'enveloppe dans les feuilles de la vigne; *solox* non tondu. — *Atrox* est-il dérivé de *āter* noir? Ce n'est pas l'avis de Festus, qui dit : Atroces *appellantur ex græco, quia illi* atrocia *appellant quæ* cruda *sunt*. A quoi Scaliger ajoute : Ἄτρωξ *purum græcum; nam significat* crudum, *nondum maturum esui*. Plusieurs passages d'anciens auteurs prouvent que tel était le sens de ce mot.

198. — **ūca** forme *bal-ūca* grain d'or dans le sable; *carr-uca* carrosse; *curr-uca* fauvette; *er-uca* chenille; *verr-uca* verrue; *fes-t-uca* fétu; *fis-t-uca* batte; *lac-t-uca* laitue.

199. — **ūcu-s**, *cad-ucus* caduc; *cad-uceus* caducée, κηρυκεῖον; *fid-uc-ia* confiance; *mand-ūcus* monstre qui mange les enfants; *mand-ūcum* mets (*mand-uco* manger).

200. — **cer, cr**-*is*, **cru**-*s* : suffixes d'adjectifs probablement composés de *c* euphonique + *er* (cf. **b-er**, **t-er**); on peut aussi y voir **cer** = **cre** produire : — *ala-cer* et *ala-cr-is* alègre, vif; *volu-cer* volant; *medio-cris* moyen; *ludi-crus* plaisant; et probablement *pul-cer* (non *pulcher*), qui cependant peut répondre à πολύχαρις.

201. — **cru**-*m* (**cer cre** faire), désigne l'*instrument*, le *moyen*; le *lieu* où une chose se fait : *lava-crum* bain; *ludi-crum* jouet; *sepul-crum* tombeau; *ful-crum* pour *fulc-crum* soutien; *simula-crum*, *involu-crum*, *lu-crum* gain, ce qu'on enlève. — V. **bru**-*m*, **bulu**-*m*, **culu**-*m* (84, 86, 202).

202. — **culu**-*m*, analogue à **cru**-*m* (car *c* + *l* =

c + *r*), signifie comme lui l'*instrument*, le *lieu* où une chose se fait, la *chose* même : *po-culum* vase à boire; *ba-culum* bâton, *ba** marcher; on peut aussi le diviser; *bac-ulum* βάκ-τρον : *peri-culum* essai, *peri-or** tenter; *oper-culum*, *verri-culum*, *vehi-culum*, *cubi-culum*, *cuni-culum*, *obsta-culum*, *specta-culum* *cœna-culum*, *fer-culum*. — V. **cru**-*m*, **bulu**-*m*.

203. — **culu**-*s*, **cula**, **culu**-*m* (*c* + *ul*) forment des noms et des adjectifs diminutifs. Noms : *amni-culus* petite rivière; *aper-culus* marcassin; *asser-culus* planchette; *ponti-culus* ponceau; *flos-culus* fleurette; *mus-culus* souriceau; *pisci-culus*, *orbi-culus*. — *Aci-cula* petite aiguille; *api-cula* p. abeille; *auricula* p. oreille; *canicula* p. chienne; *febri-cula* p. fièvre; *avicula*, *molecula*, *muliercula*, *arbuscula*, *particula*. — *Animal-culum* animalcule; *crepus-culum*, crépuscule, *crepus** *crep-erus* faible; *jus-culum*, *ossi-culum*, *opus-culum*, *munusculum*, *corpusculum*, *pondusculum*. — *culus* se joint aussi à des noms en *ōn* et *iōn*, où ce suffixe devient *un* et *iun*, sans doute par assimilation de son, et aussi par analogie à des noms qui n'ont pas ce suffixe *on*, mais qui l'ont peut-être eu. *Carbun-culus* petit charbon; *dracun-culus* petit dragon; *latr-un-culus*, *sermun-culus*, *tirun-culus*, *pulmunculus*, *siphunculus* : — *commotiun-cula* p. commotion; *cantiuncula* chansonnette; *morsiuncula*; *portiuncula*, *mansiuncula* : — *av-un-culus* oncle, pp. petit aïeul; *fur-un-culus*, *ran-un-culus*, *rap-un-culus*, etc.; *hom-un-culus*; *lag-un-cula*, *dom-un-cula* maisonnette; *virg-un-cula*. — Adjectifs : *levi-culus* un peu léger; *dulci-culus* doucet; *pauper-culus* pauvret; *molliculus* mollet. — Dans les suivants *cul* est suivi de *osus*, *meti-cul-osus* méticuleux; *siti-cul-osus* altéré. — Dans quelques adjectifs *culus* se joint à l'ancienne forme de comparatif où *u* remplace *o* par assimilation : *altius-culus* *durius-culus*

largius-culus longius-culus lenius-culus levius-culus majus-culus, *minus-culus*, un peu plus haut, plus dur.

204. — *culus* n'est pas toujours diminutif, soit que cette valeur ne soit que conventionnelle, soit qu'elle ait été perdue dans quelques mots. Cette dernière supposition est la plus vraisemblable et s'applique aussi à *ul* simple : *mas-culus* mâle, *ridi-culus* risible, *fid-un-culus* de bonne foi, *verna-culus*, etc. : — *cuni-culus* lapin, *portis-culus* chef de rameurs, sa baguette; cf. *pert-ica; mustri-cola* forme à souliers (*monstrum* modèle, cf. all. *Muster*); *carpisculus* chaussure découpée. Cependant ces derniers noms pourraient bien être diminutifs. — V. **ulu**-*s*.

205. — **o-ci-niu**-*m* (273).

D. Consonnes coulantes ou liquides (**r**, **l**, **n**).

206. — Les consonnes linguales, appelées ordinairement liquides, ont entre elles une grande affinité, surtout *r* et *l*; il en résulte des suffixes ayant une grande ressemblance de forme et de valeur. Quant à *n*, dental et nasal, il est aussi lingual; sous ce dernier rapport il est voisin de *r* et *l*, avec lesquels il permute quelquefois dans les langues; il donne des suffixes analogues à ceux de *r* et de *l*.

207. — **R**. — **ra** et **ru**-*m*, base des *bra*, *brum*, *crum* et *trum* que nous avons déjà vus, forment des noms d'*instrument* : *scalp-ra* tranchet; *ser-ra* scie, pour *sec-ra* : — *flag-rum* fouet, *flago** πλάγω* battre; *fulc-rum* soutien; *lab-rum* lèvre; *scalp-rum* scalpel.

208. — **ru**-*s* forme des noms et des adjectifs : *mu-rus* mur, cf. *mu-nio*, *mœ-ne; pu-rus* pur, cf. *pu-tus; di-rus* effrayant, cruel, cf. δει-νός; *du-rus* dur; *gna-rus i-gna-rus*, *ob-scu-rus* obscur, pp. couvert par devant, = ἐπί-σκιος; peut-être *verus*, *carus*.

209. — **ăr** produit *jub-ăr* éclat; *cæs-ăr* chevelu, d'où *cæs-ăr-ies*; *bacc-ăr*, *lab-ărum*, *sacch-ărum*, *hil-ăris* gai.

210. — **ār** forme : *alt-ar -āris* autel; *cal-car* éperon, *calc-s* talon; *sublig-ar* caleçon, pp. attaché au bas; *lacun-ar*, *laque-ar*, *pulvin-ar*, *alve-ar*.

211. — **āri**-*s*, suffixe d'adjectif; identique à *alis*, forme des adjectifs de relation : *angul-aris*, *annul-aris*, *milit-aris*, *popul-aris*; *consularis*, *vulgaris*, relatif à l'angle, à l'anneau, etc.; angulaire; annulaire, etc.

212. — **ăr-iu**-*s*, le même à peu près que *aris* s'il n'est identique : *agr-arius* agraire; *angul-arius* angulaire; *annul-arius* annulaire; *honorarius* honoraire; *secundarius*, *sedentarius*, *temerarius*. — V. **tariu**-*s* (147). — Ces adjectifs s'emploient seuls substantivement par l'ellipse d'un nom, pour former des espèces de noms masculins, féminins et neutres.

A. *arius* désigne l'*homme* qui exerce telle profession, qui a soin de telle chose : ellipse, *homo*, *faber*. — *Argent-arius* argentier, banquier; *ær-arius*, *ferr-arius*, ouvrier en cuivre, en fer; *aurarius* orfèvre; *carbonarius* charbonnier; *furnarius* fournier; — *api-arius* éleveur d'abeilles; *asinarius*, *aquarius*.

B. *aria* (s. e. *ars*, *fodina*, *officina*), désigne : 1° le *lieu* où s'exerce une profession; 2° la *profession* elle-même; 3° la *mine* d'où on extrait un métal : *aur-aria*, *ferr-aria*, mine d'or, de fer; *ær-aria* mine de cuivre, lieu où on le travaille; *lan-aria* atelier où l'on travaille la laine; *argentaria* mine d'argent, boutique d'orfèvre; *plumbaria* boutique de plombier; *nitraria* nitrière.

C. *arium*, lieu préparé pour un objet; noms collectifs : *api-arium* ruche d'abeilles; *avi-arium* volière d'oiseaux; *aquarium* réservoir d'eau; *arm-arium* armoire; *granarium* grenier; *turdarium* lieu où l'on engraisse des grives; *vivarium* parc où l'on nourrit des bêtes en vie; *pomarium*, *viridarium*, *rosarium*, *violarium*, *plantarium*.

213. — **ăru**-*s* forme quelques adjectifs : *av-arus* cupide; *cl-arus* clair; *am-arus* amer; *gn-ārus* et *i-gnarus* p. *in-gnarus*, instruit, ignorant, **gen** connaître, devenu *gna*, *gno*; on pourrait donc les tirer directement de *gna* : *rarus*, cf. ἀραιός, *cārus* et *vărus*?

214. — (**ĕ**)**ra** ne diffère de *ra* simple que par la voyelle de liaison *e* : *arc-ĕra* brancard couvert, *arca*; *cam-ĕra* voûte; *cum-ĕra* panier; *pat-ĕra* large coupe; *min-ĕra*, *tess-ĕra*, *lit-ĕra*, *cap-ra* pour *capera*, cf. *caper(us)*.

215. — (**e**)**ru**-*s* = **ru**-*s*, forme des noms et des adjectifs dont les uns conservent et les autres perdent *u-s* au nominatif. Quelques-uns aussi suppriment aux cas obliques la voyelle de liaison *e*, que d'autres retiennent : *hum-erus*, *num-erus*, *ut-erus*; *ap-er(us)*, *cap-er(us)*, *pu-er(us)*, *soc-er(us)*, *gen-er(us)*; génitif *apri*, *capri*, — *puer-i*, *socer-i*. — *Jug-erum* arpent. — Adjectifs : *crep-erus* faible, douteux; *properus*, *perperus*; *ceterus*, *inferus*, *anterus*, *posterus*, *nuperus*, *superus* : — *at-er*, *nig-er*, *mac-er*, *pig-er*, *rub-er*, *ten-er*, *līb-er*.

216. — **ĕriu**-*s* entre dans des noms propres tels que *Num-ĕrius*, *Val-ĕrius*, *Lab-ĕrius*, *Rub-rius*.

217. — **ēru**-*s* se trouve dans *aust-ērus* αὐστηρός, et *sev-ērus* σεβ-ηρός; il est radical dans *cēr-us* grand, saint; *pro-cērus* grand, *sērus*, *sin-cērus* et peut-être *vērus*.

218. — **ĕr**, forme affaiblie de **is**, produit des noms masculins dont les uns ont conservé *is* primitif, et les autres l'ont quitté pour le suffixe plus moderne; quelques-uns ont la double forme : *cin-is -ĕris* cendre; *pulv-is -ĕris* poudre; *cucum-is* et *cucum-er -ĕris* concombre; *vom-is* et *vom-er -eris* soc de charrue : — *ans-er*, *carc-er*, *cic-er*.

219. — **ĕr** provient aussi de **us** primitif, et forme un grand nombre de noms neutres en *us -ĕris* : *pond-us ĕris* poids; *ac-us -ĕris* balle du blé; *gen-us* naissance; *sid-us*, *ulc-us*, *opus*, etc. *Venus -ĕris* féminin, a sans doute changé de genre. — Quelques noms ont adopté *er* au nominatif, comme *tuber*, *siler*. — **ĕr** se greffe sur **n** dans *vul-n-us -ĕris*, cf. *vello vul-si*; *iti-n-us* itineris* route; on a dit aussi *iter iteris* : probablement aussi dans *fu-n-us*, pp. combustion d'un mort, cf. *fu-mus*, et *mu-n-us* charge, fonction, cf. *mu-nio*, *mœne*.

220. — **ŏr**, autre affaiblissement de **us**, **ur**, forme également des noms neutres, tels que *corp-us -ŏris*, *dec-us -ŏris*; *pec-us*, *temp-us*, *frig-us*; *eb-ur*, *jec-ur*, *rob-ur*. — Comme **ĕr**, **ŏr** s'ente sur diverses consonnes dérivatives, *m*, *n*, *t* : *fe-m-ur femŏris* cuisse; *faci-n-us* action; *pig-n-us* gage; *fœ-n-us* produit de l'argent, **fu** produire; *jeci-n-us* foie; *li-t-us ŏris* rivage, **li** dissoudre, user.

221. — **ŭr**, provenant de **us**, ne se trouve plus que dans quelques mots, étant devenu *or* et *er* dans les autres : *Tib-ur -ŭr-is* ville; *fulg-ur -ŭris* éclair; si *murmur* et *furfur* sont faits par redoublement, *ur* n'y serait pas suffixe : *sulfur*, mot d'origine obscure et dont la raison ne se trouve pas dans le latin (225, 150).

Remarque. La forme primitive et unique des trois suffixes *ŭr*, *ŏr*, *ĕr*, était *ŭs*, *ŭs-is*, modifiée d'abord par le changement de *s* en *r* entre deux voyelles, et de *u* en *o* et en *e*. Ainsi *ur*, *or*, *er* ne sont que des transformations successives de *ŭs*. Pour *ur*, il a presque entièrement disparu pour faire place aux deux autres formes; encore s'il est resté dans les mots que nous venons de citer, c'est sans doute par assimilation de sons. — C'est des noms en *us -eris* que sont venus les adjectifs *onus-tus*, *venus-tus* (124, D).

222. — **ōr**, **m-ōr** : les noms que forme ce suffixe sont tous abstraits et masculins : *alb-ŏr*, *-ōr-is* blancheur ; *ard-ŏr -ōr-is* ardeur ; *cal-or*, *canor*, *favor*, *sapor*, *mœr-or* pour *mœs-or*, cf. *mœs-tus* : d'autres dont la racine est perdue d'ailleurs, *lab-or*, *lep-or*, *color*, *vapor*, *honor*, *cruor*. — Joignons ici, *r-ōs r-ōris* rosée ; *m-ōs m-ōris* coutume, **me** aller ? *fl-ōs fl-ōris* fleur ; *gl-ōs gl-ōris* belle-sœur ; *gl-ōr-ia*.

Remarque. — Les mots de cette forme ont été terminés en *ōs*, *ōs-is* ; quelques formes conservées (*hon-ōs*, *arb-ōs*, *dec-ōs*, etc.) et le témoignage positif de Varron, de Festus, et des anciens monuments de la langue, ne permettent pas le doute à cet égard. Les adjectifs en *ōs-us* y répondent exactement (173).

Dans un petit nombre de noms dont la racine est terminée par une voyelle, *ōr* est précédé de *m* dérivatif que nous avons déjà vu tant de fois, et qui s'attache à la racine simple, dont il devient inséparable, formant avec elle une racine secondaire. — *Cla-m-or* cri, cf. *cala-re* appeler ; *cre-m-or* crême, *cer-no* séparer ; *tre-m-or* tremblement, τρέ-ω, τρέ-μ-ω ; *fre-m-or* frémissement, βρέ-μω ; *hu-m-or* eau, cf. χύ-ω verser ; *ru-m-or* rumeur, **ru** résonner, d'où *rau-cus*, *rav-us* (30) ; *ti-m-or* crainte, τί-ω honorer ; *tu-m-or* tumeur ; *flu-or* et *cru-or* font exception.

223. — **ōru**-*s* forme des adjectifs répondant aux noms précédents, et analogues, sinon identiques, aux adjectifs en *ōsus* (173). C'est sans doute le même suffixe, partagé en deux par le maintien ou le changement de *s* en *r* : *can-ōrus*, *son-ōrus* sonore ; *hon-ōrus* glorieux ; *sap-ōrus*, *sop-ōrus*, *vap-ōrus* : — *aur-ōra* l'aurore, la brillante. — *Ora* bord, et son composé *pr-ōra*, n'ont rien de commun avec notre suffixe.

224. — **iōr**, suffixe du comparatif, d'abord *iōs* (*mel-*

4

iōsibus, *majōsibus*, Varron, Festus), grec ιον pour ιοντ. Dans l'origine le comparatif paraît avoir été identique avec le participe présent de verbes en *i-o*, dérivés d'adjectifs. Ainsi *fort-ior* aurait été d'abord *fortiunt-s*, participe présent d'un verbe *forti-re* être fort. Par divers changements euphoniques *fortiunt-s* serait enfin devenu *fortiōs* et *fortior*. Dans ce cas, ce ne serait qu'indirectement que *fortior* indiquerait la comparaison, ce qui serait le résultat de la seule construction : *fortior* (in, ex) *aliis*, signifierait *étant fort entre les autres*, c'est-à-dire *plus fort* qu'eux. Le suffixe *ior* se joint au radical des adjectifs : *doct-ior -iōr-is* plus savant, *clar-ior*, *candid-ior*, *just-ior*, *antiqu-ior*, *firm-ior*, *lasciv-ior*, *obscur-ior*. — *Min-or* pour *min-ior*, *mel-ior*, et *major* pour *magior*, supposent des adjectifs, *minus** petit (*mina ovis*), *melus** bon, et *magus** grand, remplacé par *mag-nus*, superlatif *mag-simus*.

225. — **ŭr** et **ŭru**-*s*, paraissent dans *cic-ur -ŭris* apprivoisé. On a dit aussi *cicur -ōris* (*incicōrem*, *immansuetum et ferocem ;* Festus. — *Reprime* incicorem *iracundiam ;* Pacuvius). *Cam-ŭrus* courbé, cf. *cam-era* voûte ; *sat-ŭr(us)* rassasié.

226. — **ŭr-ia**, **ŭr-iē**-*s*, **ŭr-iu**-*s*, forment les mots suivants : *lux-ŭria*, *luxŭries* végétation exubérante ; *cent-ŭria* centurie, centaine ; *dec-ūria* décurie, dizaine ; *ū* long de ce dernier semblerait autoriser la conjecture des auteurs qui voient dans *decuria* et *centuria* une abréviation de *dec(em) viria*, *cent(um) viria : long-ŭrius* perche, d'où *long-urio(n-is* homme long et mince ; *Merc-ŭrius*, dieu du commerce ; *vultŭrius* vautour ; *tugŭrium* pour *tegurium* cabane. — Des noms propres : *Veturia* et *Veturius* de *vetus*, *Titurius* de *Titus*.

227. — **ūr** forme *sec-ūris* hache ; *tell-us -ūris* terre ; *gnar-ūris* instruit. — Mais les mots suivants, quoique

analogues en apparence, ne le sont pourtant pas. Dans tous *r* représente *s* (453) ; dans les uns il est radical, dans les autres suffixes : cette différence est une question d'étymologie inabordable ici. — *Cru-s*, *cru-ris* jambe ; *ju-s*, *ju-ris* loi ; *ju-s*, *ju-ris* sauce, cf. ζύ-θος ; *thu-s*, *thu-ris* encens, θύ-ος ; *pu-s*, *pu-ris* pus, πύ-ος ; *mus*, *mur-is* rat, souris ; *rus*, *rur-is* campagne ; cf. *rūse* = *rure*, Varron, et *Rus-ina*, déesse de la campagne ; — *fur*, *fur-is* voleur, φώρ.

Combinaisons de **r** *avec d'autres suffixes.*

228. — **er-va, er-vu**-*s* : le premier forme *cat-erva* troupe, **cat** lier, réunir, cf. *cat-ena* ; *Min-erva*, v.l. *Menerva*, la sensée, d'où *menervo* = *mon-eo*, μένος. — Le second, *ac-er-vus* monceau, **ac** pointe ; mais qu'on peut aussi diviser *a-cer-vus*, **a** pour *ad*, **cer ger** porter, en sorte que *acervus* serait l'équivalent de *ag-ger*.

229. — **erbu**-*s*, s'il est suffixe, forme *ac-erbus* acerbe, **ac** piquer, ce qui convient bien à la saveur d'un fruit non mûr ; et *sup-er-bus*, fier, **sup** élever. Mais dans *acerbus* on peut voir une racine **cer** couper, piquer, et le suffixe *bu-s* ; et dans *super-bus* l'équivalent, presque la transcription latine de ὑπέρ-διος orgueilleux, violent, de βία violence.

230. — **er-ta, ertu**-*s* forme *lac-erta* lézard, et *lacertus* avant-bras.

231. — **er-na**, forme *luc-erna* lampe ; *lac-erna* casaque frangée ? cf. *lac-inia* frange ; *tab-erna*, pp. cabane de planches, cf. *tab-ula* ; *Lav-erna*, déesse des voleurs ; *cav-erna* caverne, **cu cav** creuser. — V. **t-erna** (161).

232. — **er-nu**-*s* forme *hib-ernus* d'hiver, pour *him-ernus* χειμερινός ; *hodi-ernus*, d'aujourd'hui. Mais

super-nus et *infer-nus* sont des dérivés de *superus* et *inferus*. — V. **t-ernu**-*s* (162).

233. — **ur-nu**-*s* donne des noms et des adjectifs : *col-urnus* de coudrier ; *di-urnus*, *noct-urnus*, *mens-urnus* mensuel ; *somn-urnus* vu en songe ; *diut-urnus*, *alb-urnus* et *alb-urnum* aubier ; *vib-urnum* viorne ; *Lib-urnus* vent de Liburnie (163).

L est la base d'un grand nombre de suffixes différenciés entre eux par les voyelles et les consonnes qui précèdent.

234. — **la**, **lu**-*s*, **lu**-*m*. Presque toujours la consonne radicale qui précède ces suffixes disparaît : — *ā-la* pour *ag-la* aile, de *ago* mouvoir ; *au-la* p. *aug-la* marmite, diminutif *auxilla* ; *pā-la* p. *pag-la* bêche, *pango* enfoncer ; *mā-la* mâchoire, *mando* ; *tē-la* p. *tex-la* toile, *texo*. — *Tā-lus* p. *tag-lus* talon, *tango* toucher ; *pā-lus* p. *pag-lus* pieu ; — *prē-lum* p. *prem-lum* pressoir ; *vē-lum* p. *veh-lum* voile de vaisseau, différent de *velum* voile pour couvrir, *veho* porter ; *tē-lum* p. *tec-lum* trait, cf. *sag-itta* ; *fī-lum* p. *fid-lum* fil, cf. *fidis* ; *tem-p-lum* p. *tem-lum*, pp. lieu séparé, cf. τέμ-ενος ; et *exemplum* p. *ex-em-lum*, pp. chose tirée hors des autres. (424, 2°). — *lus* forme aussi quelques adjectifs : *pau-lus*, cf. *paucus* ; *ul-lus* p. *un-lus* ; *sō-lus*? cf. *so*, *se* privatifs. — V. 241, 244.

235. — **āli**-*s* forme des adjectifs de rapports identiques à ceux en *aris* : *arv-alis* relatif aux champs ; *leg-alis* légal ; *ven-alis* vénal, *venum* vente ; *reg-alis*, *norm-alis*, *t-alis*, *qu-alis* : *talis* a pour racine **t**, indicatif, comme l'article grec ὁ, ἡ (p. τὸ-ς, τή), τὸ, racine conservée en latin dans les adverbes *tu-m*, *ta-m*, restes d'un adjectif *tu-s*, perdu. La racine de *qualis* est *qu*, (*c*), racine de la conjonction élémentaire, celle de *qui*, *quà-m*, *quo-d*, etc. — *Can-alis* canal ; *sod-alis* compagnon.

āl et **ale** : *ālis* forme encore, en s'écourtant, des noms neutres, vrais adjectifs dans l'origine : *anim-al*, *-ālis* un animal; *cubit-al*, *ālis*, coussin; *cervic-al*, *cervicale* oreiller; *tribun-al* : — *augur-āle*, *cortin-āle*, *mulctr-āle*.

236. — **ēla**, **t-ela**, analogue au grec ἤλη, forme des noms : *cand-ēla* chandelle, et *ci-cind-ēla* ver luisant, **cand** briller; *client-ēla* protection d'un patron; *custod-ēla* garde; *fug-ēla*, *med-ēla*, *sequ-ēla*, *suad-ēla*, *veh-ēla*, *mon-ēla*, *nit-ēla*. — Dans certains mots *ēla* est précédé du *t* dérivatif; *cau-t-ela* précaution; *tu-t-ela* protection; *su-t-ēla* fourberie.

237. — **ēli**-*s* forme des adjectifs de relation peu nombreux : *crud-ēlis* de *cru-dus* sanglant; *fid-ēlis*; *cardu-elis* (avis) chardonneret; *albu-ēlis* (uva) raisin blanc; *patru-ēlis* (avunculus) oncle paternel; *patru-ēles*, *matru-ēles*, *fratru-ēles*, enfants de l'oncle, de la tante, du frère. *Fasc-ēlis*, nom de Diane, est obscur.

238. — **ēl-ia**, **ēliu**-*s*, donnent les noms *fid-ēlia* vase à vin, πίθ-ος; *contum-ēlia* outrage, *tumeo* être enflé; des noms de femme, *Aur-ēlia*, *Corn-ēlia* : **ēliu**-*s* forme *Corn-ēlius*, *Aur-ēlius*.

239. — **īli**-*s*, analogue à *ālis* et *ēlis*, forme comme eux des adjectifs de relation : *an-īlis* de vieille; *sen-īlis* de vieillard; *puer-īlis*, *juven-īlis*, *febr-īlis*, *host-īlis*, *gent-īlis*, *æd-īlis* : — les noms de mois, *aprilis*, *quintilis*, *sextilis*. — *Exilis* mince, pour *exiglis* = *exiguus* (ex + ago), rejeté pour sa petitesse, et *subtīlis* (? *sub-tig-lis*), fin, délié; ces deux mots, sans explication bien satisfaisante, pourraient bien être tout simplement formés des prépositions *ex* et *sub* (sub-t) suffixées de *īlis*.

240. — **īle** : les adjectifs précédents s'emploient au neutre substantivement par ellipse d'un nom, *scutum*, *lignum*, *stabulum*, etc. : *hast-īle* bois de lance; *orb-īle*

circonférence d'une roue; *sed-īle* siége; *scab-īle* banc : *equīle*, *suīle*, *ovile*, *bovile* et *bubile*, écurie, étable à porcs, à bœufs, à moutons; *mol-ile* collier pour tourner la meule; *mon-ile* collier de perles, μάνος, d'un mot qui signifie perles, et qui se trouve aussi dans *mon-edula*.— *Ancile*, qu'on dit être un bouclier échancré des deux côtés, serait pour *an-cid-le* (an + cædo).

241. — **ĭ-la**, **ĭ-lu**-*s*, **ĭ-lu**-*m* ne diffèrent de *la*, *lus* (234), que par la voyelle de liaison : *aqu-ĭla* aigle, pp. rapide, cf. ὠκύ-ς, *ācer*, *aqu-il-ōnis* : *mut-ĭlus* mutilé; *rut-ĭlus* brillant; *aquilus*, *nub-ilus*, *ster-ilus*; *pum-ĭlus* nain, d'où *pumilio*; *strob-ĭlus* cône de pin; *sib-ĭlus* sifflement : *sorb-ilum* bouillon.

242. — **ĭ-liu**-*s* donne naissance à des noms d'hommes: *Aquilius*, *Hostilius*, *Manilius*, abrégé *Manlius* et *Mallius* par assimilation, *Pompilius*, *Servilius*, *Rutilius*, *Turpilius*, *Quintilius*, *Virgilius*.

243. — **ĭ-li**-*s*, **b-ĭli**-*s*, composent un grand nombre d'adjectifs de relation, qui expriment soit la *possession* actuelle, soit la *capacité* d'acquérir la qualité indiquée. — 1° : *sim-ĭli-s*, *grac-ilis*, *par-ilis* pareil, égal; *hum-ĭlis* bas, peu élevé; *ag-ilis*, *doc-ilis*, *fac-ilis*, *frag-ilis*. — *ĭlis* s'abrége dans *pug-il*, *vig-il* et *strig-il*.

2° : **b-ĭli**-*s*. Quand la racine du verbe est terminée par une voyelle, on intercale la consonne euphonique *b* : *ama-b-ilis* aimable; *audi-b-ilis* qu'on peut entendre; *fle-b-ilis*, *lauda-bilis*, *no-bilis* pour *gnobilis*, *scī-bilis*, *volu-bilis*. — Cette forme euphonique se joint aussi à la racine du supin, et à celle du présent de l'indicatif, terminées par la voyelle de liaison : *possi-bilis*, *plausi-bilis*; — *marcesci-bilis*, *nosci-bilis*, *horri-bilis*, *terri-bilis*. — La signification de ces adjectifs est tantôt passive, c'est le cas le plus fréquent; tantôt elle est active, tantôt le même mot réunit les deux sens : *laudabilis* digne d'être loué; *cruciabilis* qui tourmente; *flebilis* digne d'être pleuré, pleurant; *solubilis* soluble et dissolvant. — V. **t-ili-s** (165).

244. — **ŭ-la**, **ŭ-lu-s** : ces suffixes, identiques à *la*, *lu-s* (234) et à *ila*, *ĭlu-s* (241), forment des noms féminins, masculins et neutres, non diminutifs, dont quelques-uns sont des noms d'*instrument*, d'autres d'*agent*, d'autres de *choses* diverses. — *Reg-ŭla* règle; *sec-ula* faucille; *cōp-ula* (co-ip-ula) lien; *spec-ula*, *mus-cip-ula*, souricière (*mus*, *cap-io*); *tab-ula fist-ula macula ungula papula pusula* et *pustula*. — *Ang-ŭlu-s* angle; *bac-ulus*, *bac-ulum* bâton; *baj-ulus* porte-faix; *cumulus* comble; *tum-ulus* tertre; *oc-ulus* œil; *pōp-ulus* peuplier; *fam-ulus* esclave χ(ϑ)αμαλὸς, pp. attaché à la glèbe, χαμὴ* terre, χαμαί; *tit-ulus* inscription honorifique, τίω. — *Jac-ulum*, *jug-ulum* cou, *jungo*; *sec-ulum* pp. division; *spec-ulum*, *vinc-ulum spic-ulum* trait aigu, cf. *spica*; *strag-ulum*. — Les suffixes *ula*, *ulum* signifiant *instrument*, *objet*, sont la base des *bula*, *bulum*, *culum* (86, 202).

245. — **ŭ-lu-s** donne encore naissance à des adjectifs non diminutifs : *bib-ulus* qui boit; *cær-ulus* bleu, cf. *cæs-ius*; *cred-ulus*, *ningulus* nul; *patulus pendulus querulus stridulus tremulus tædulus*.

246. — **ŭ-la**, **ŭ-lu-s**, **ŭ-lu-m**, suffixe de diminutifs, forme des noms et des adjectifs qui expriment la *petitesse*, quelquefois la *dégradation*, et par suite le *mépris* : *ul* devient *ol* après *e* et *i*. — *Cœn-ula* petit souper; *gutt-ula* petite goutte; *spin-ula* petite épine; *pup-ula* petite fille; *stip-ula* tige de blé; *valv-ula* petite porte : *bati-ola* petite tasse; *besti-ola* petite bête; *bracte-ola fasci-ola filiola gloriola lanceola taleola*; *viola* violette, cf. ἴον (*vion*). — *Ann-ulus* petit cercle, anneau; *circ-ulus* petit cercle; *hort-ulus*,

glob-ulus, foc-ulus, riv-ulus, vic-ulus : cune-olus, alveolus, case-olus, malle-olus, gladi-olus, fili-olus, simiolus. — *Fan-ulum* petit temple; *gran-ulum* petit grain; *frust-ulum, ov-ulum, sax-ulum : balne-olum, brachiolum, foli-olum, doli-olum, labio-lum, prandi-olum, prædi-olum.*

Adjectifs : *alb-ulus* un peu blanc; *cæc-ulus* myope; *lent-ulus parv-ulus pauc-ulus tant-ulus quant-ulus acid-ulus candid-ulus sordid-ulus tepid-ulus astut-ulus feroc-ulus florid-ulus :* — *aure-olus, argente-olus, luteolus, flamme-olus,* d'or, etc., avec idée de petitesse.

(*el-, il-*)**la**, **lu**-*m* : **ŭl** diminutif, placé à la suite d'autres suffixes, **r**, **n**, **d**, **t**, perd sa voyelle initiale, et s'assimile la consonne précédente, ce qui donne naissance à deux formes, *el***l** et *il***l**, où il n'y a de diminutif que **la**, **lu**-*s*, **lu**-*m*, comme dans les autres mots que nous avons déjà observés. *el*-**l**... répond le plus souvent à une forme contenant primitivement *e*, *il*-**l**... à une forme contenant *i*; cependant quelquefois *e* remplace *i*, et *i* remplace *u*. — *Arc-el-la* petit coffre; *fenestel-la* petite fenêtre; *libella* petite balance; *catel-la* pour *caten-ula* petite chaîne; *patel-la scutel-la stel-la*, pour *arcer-ula fenester-ula liber-ula... ster-ula*, abrégés en *arcer-la sterla*, puis assimilés. Ce qui prouve, soit dit en passant, que *libra scutra fenestra*, etc., sont pour *lib-era scut-era*, comme *arcera, patera*. Il en est de même des mots tels que *cas-trum, ros-trum, lab-rum*, etc., pour *cas-terum, rosterum, lab-crum ;* aussi les diminutifs de ces mots présentent-ils les mêmes phénomènes de contraction et d'assimilation : — *castel-lum, rostel-lum, label-lum, flabel-lum, sacel-lum ;* pour *sacer-ulum... sacer-lum sacel-lum*, etc. — *Libel-lus* p. *liber-lus* livret; *cultel-lus* p. *culter-lus, puel-lus* contr. *pullus ; agellus, misellus, tenellus, pulcellus, rubellus, bellus* p. *ben-ulus.* — Les mots suivants offrent des exemples de *e* remplaçant *u* et *i* : *catellus ocellus popellus asellus gemellus*, pour *catul-lus ocullus populllus asillus gemellus*, comme venant de *catulus... asinus.* — Les noms d'hommes *Catullus* et *Tibullus* (*tibulus* espèce de pin) nous donnent la vraie forme originelle de ces mots.

il-**lu**-*s*, -*m*, offrent les mêmes phénomènes d'assimilation après contraction, et d'*u* changé en *i*. *Capil-lus* pour *capit-lus* cheveu, *bacil-lus* pour *bacul-lus* petit bâton; *pugil-lus pulvil-lus lapil-lus catil-lus ral-lus*, p. *pugin-lus pulvis-lus lapid-lus catin-lus rar-lus.* — De même *pocil-lum ligil-lum sigil-lum pugil-lum vil-lum*, pour *pocul-lum ligin-lum.... vin-lum*, de *lignum signum vinum* (*lig-inum*, *sig-inum*).

247. — **il-la**, **illu**-*s*, **illu**-*m* : ce suffixe, qui représente *ul-ul*, avec changement du premier *u* en *i*, forme des noms et des adjectifs doublement diminutifs. Quelques-uns de ces mots nous révèlent la forme primitive du mot simple, mutilée; ceux qui avaient une consonne gutturale prennent de plus un *s* devant le suffixe. — *Mam-illa* mamelon, *mama** *mam-ula mamulula*; *pap-illa* petit bouton, *papa** *pap-ula papulula*; *axilla* aisselle, *ag-la* (*āla*) *ag-s-ulula*; *auxilla* petite marmite, *auga** *augula* (*aula*) *aug-s-ulula*; mais ces mots ne seraient que des diminutifs simples appartenant au n° précédent, si les formes *papula*, *āla* (*ag-la*), *aula* (*aug-la*) ne sont pas considérées comme diminutives, d'après le n° 244. — *Pup-illus* et *pus-illus* petit garçon, pour *pup-ululus pus-ululus*; *quas-illus* petite corbeille, *quasus** *quālus* (*quas-lus*); de même *tant-illus*, *quantillus* et *past-illus* -*um* petit pain, pastille, de *pastu-s* nourriture; *paxillus* (*pag-s-ululus*) paisseau, petit pieu, de *pālus* (*pag-lus*); *pauxillus* (*pauc-s-ululus*) en très-petit nombre, *paucus*, *pauculus*: — *cup-illum* petite

coupe, *cupa cup-ula.* — **ill**... entre encore dans quelques mots où sa valeur diminutive est contestable: *cav-illus -um*, plaisanterie; *arg-illa* ἄργιλος argile; *armilla* bracelet, *fav-illa* cendre rouge, *maxilla* mâchoire, *scint-illa* étincelle; *vexillum* (*veh-s-illum*) enseigne, *vēlum; tran-qui-llus, qui-es* repos; *taxillus* espèce de dé à jouer, doit être le diminutif de *tālus* (*tag-lus*). — Pour quelques-uns de ces mots on peut douter s'ils ont la valeur doublement diminutive qui paraît incontestable pour d'autres; et s'il faut la leur refuser, c'est que leurs primitifs ont *ul* non diminutif. — V. **culu**-*s* et **culu**-*m* (203-204).

248. — **ŭli**-*s* forme les adjectifs suivants : *ed-ŭli-s* mangeable, d'où *edulium* mets; *id-ŭlis* (ovis) brebis qu'on immolait aux ides de chaque mois; *tribŭlis* tribulaire, de la même tribu.

249. — **l-ent** et **l-entu**-*s*, **limu**-*s*, superlatif (135, 93).

250. — **N.** — Seul, ou précédé ou suivi de diverses voyelles, **n** donne naissance à un grand nombre de suffixes très-différents de forme et de sens. Quelquefois il affaiblit la consonne qui le précède immédiatement : devant lui *p* et *b* deviennent *m*, *c* devient *g*. D'autres fois il se l'assimile, ou même la fait disparaître. Il s'unit aussi à d'autres consonnes, *l* et *r* qu'il suit ou précède.

251. — **na**, **ĭ-na**, forme des noms féminins: *pugna* combat, cf. *pugnus; ul-na* bras, ὠλ-έ-νη; *rana* pour *rac-na* grenouille; *lā-na* pour *lac-na* λάχνη laine; *prūna* pour *prus-na*, charbon ardent; *lū-na* pour *luc-na* lune, v. l. *lus-na* et *losna; ur-na* cruche, **ur**, eau, cf. *ur-ina, urinor* plonger; *pen-na* pour *pet-na* aile, v. l. *pesna*, πέτομαι; *vē-na* pour *veh-na* veine; *cūnæ* berceau, pour *cub-næ*. — Avec *i* voyelle de liaison, *as-ina*,

domina, *bucina* et *buccina*, *machina*, *pagina*, *patina*, *trutina*, *runcina*.

252. — **nu**-*s*, **nu**-*m*, forme des noms masculins, des noms neutres et des adjectifs : *al-nus* f. aune, arbre, *alo* faire croître; *fur-nus* four, cf. *fuscus* et *fur-vus*, v. l. *fusvus*; *pug-nus* poing, πυκ-νὸς; *pan-nus* pour *pat-nus* drap, étoffe, *pateo* être étendu; *tor-nus* tour, cf. *teres*; *som-nus* pour *sop-nus* sommeil, cf. *sop-or*; *an-nus* an, **an** cercle : *dom-i-nus*, *asinus*; *carpinus* et *fraxinus*, féminins; *dam-num* dommage, cf. ζημ-ία, dorien δαμία; *reg-num*, *sig-num*, cf. *dico*; *tig-num*; *stag-num* cf. σταγ-ὼν eau; *scam-num* pour *scab-num*, cf. *scabellum*; *lig-num*; *fœ-num*; *do-num*; *gra-num* γρά-ω manger; *frē-num* (*fred* = *mord*). — *Fascinum* enchantement; *pastinum* houe. — Les diminutifs *pug-il-lus*, *sig-il-lum*, etc., indiquent *pug-inus*, *sig-inum*.

ADJECTIFS : *dig-nus* pour *dic-nus* digne, (*in*)-*dic-o* montrer; *mag-nus*, *mi-nus** petit; *plā-nus*, cf. πλα-τὺς; *plē-nus* plein; *pro-nus* penché en avant, *pro*; *va-nus* vain, vide, **va** souffler; *egē-nus* d'*egeo*; *sa-nus* σα-ὸς; *ver-nus*, *hor-nus* de l'année ὥρα; *quer-nus* pour *querc-nus*, *pater-nus*, *mater-nus*. Les adjectifs numériques distributifs : *bi-ni*, *ter-ni*, *qui-ni*, *seni*, *nōnus deni*, pour *bis-ni*, *quinc-ni*, *sex-ni*, *novnus*, *decni*. Avec *i*, *fag-i-nus* de hêtre, *crystallinus* de cristal, *juncinus* de jonc. V. **tinu**-*s* (168). — Dans *fic-ul-nus*, *fic-ul-neus* et *pop-ul-nus*, *nus* s'appuie sur *ul*, autre suffixe qui se trouve dans *pōp-ulus* peuplier, mais non dans *ficus* (*fic-ulus*).

253. — **ni**-*s* forme des noms et des adjectifs : *am-nis* pour *ap-nis* fleuve, cf. *aqua* pour *apa*, éolien ἀφὰ; *cri-nis* cheveu; *cer-no* diviser; *pā-nis* pour *pas-nis* pain, cf. *pas-tor*; *fi-nis* fin, cf. *fi-ber*, *fi-bra*; *fu-nis* corde; *ig-nis* p. *agnis*. — *Adjectifs* : *ina-nis* vide, *inao** = ἰνέω, *in*,

non?; *lē-nis* doux au toucher, cf. *lē-vis* λεῖος; *seg-nis* (*se* + *ignis*) sans ardeur, ou *seco* couper, cf. *sec-ŭs sec-ŭs; om-nis* pour *hom-nis* entier ὁμ-ός; *juve-nis* jeune.

254. — **ānu**-*s*, **āneu**-*s*, **āniu**-*s*, **ōneu**-*s*, forment des adjectifs de relation qui signifient l'*extraction*, l'*origine*. — **ānu**-*s* : *Afric-anus* Africain; *Cum-anus* de Cumes, *Rom-anus* Romain; *hum-anus mund-anus pagānus urbanus*, relatif à l'homme, etc. — *Campana* cloche, inventée en Campanie, dit-on; *membr-ana* membrane, parchemin. — De là des noms propres qui ne sont réellement que des adjectifs : *Vulc-anus Sej-anus Vejanus Trajanus Silanus Lucianus; Janus* = *Dianus* et *Diana*, le brillant, la brillante.

255. — **ān-eu**-*s* : — *ped-āneus* long d'un pied, *font-āneus* de fontaine, *spont-āneus* spontané, *extrāneus* du dehors, *miscellaneus* mêlé, *succedaneus subterraneus supervacaneus consentaneus coætaneus;* — *calcaneus*, *-um* talon.

256. — **ān-iu**-*s* ne paraît former que des noms propres d'hommes : *Afr-anius Fundanius Granius Veranius*.

257. — **ōn-eu**-*s* ne produit que les adjectifs suivants : *err-ōneus* erroné, *id-ōneus* particulier, **id** séparer; *ultr-oneus* spontané : *āneus* et *ōneus* paraissent identiques.

258. — **æna**, αινα, suffixe grec, désigne le féminin du nom de quelques animaux : *bal-æna* baleine, *hyæna* hyène, *leæna* lionne, *muræna* lamproie. — V. **ina** (266).

259. — **ēna**, ηνη désigne des objets divers, quelques instruments : *ar-ēna* sable; *av-ena* tige des blés; *cat-ena* chaîne; *cr-ena* entaille, créneau; *crum-ena* bourse; *hab-ena*, rêne, *habeo* tenir; *lag-ena* bouteille; *lani-ena* boucherie, *lanius; sag-ena* seine, filet; *verb-ena* toute

herbe sacrée, *verb* = *herb?*; *sc-ena* scène. — **il-ēna** donne *cant-ilena* chanson; *post-ilena* croupière, *post* derrière.

260. — **ēnu-s** = **ānu-s** = **īnu-s**, produit des adjectifs qui expriment l'*extraction*: *Cal-ēnus* de Calès; *Damasc-ēnus* de Damas; *aliēnus* d'autrui; *sociēnus*, *terr-ēnus*, *ser-ēnus* serein, σείρω briller; *vic-eni* vingt; *sept-eni*, *quart-eni*, etc. — **ēnu-s** forme aussi des noms propres dérivés : *Septimenus Vibidienus Titulenus Lorenus*; *Neri-ene* femme de Mars, *nerio* courage, *nero* courageux, mots sabins, cf. ἀ-νήρ.

261. — **ēnu-m** entre dans *ven-enum* drogue, poison, couleur, **ven** être beau, utile, cf. *Ven-us*; *car-enum* sorte de vin cuit; *sagapenum* suc de la férule.

262. — **ēn-ōn** forme *toll-eno* (*n-is*) machine à élever l'eau, *tollo*.

263. — **ŏn**, devenu **ĭn** dans les cas obliques, répond au grec ον (ων, ονος). Seul, il ne produit que peu de mots : *card-ŏ(n) card-in-is* gond; *grando -inis* grêle; *ordo* rang, ordre; *turbo* tourbillon, etc.; *caro*, *car-n-is* pour *carĭnis*. — Mais il entre dans plusieurs suffixes composés. V. **ēdŏn**, **īdŏn**, **ūdŏn**, **t-ūdŏn** et **āgŏn**, **īgŏn**, **ūgŏn**.

264. — **i-niu-s** donne naissance à quelques adjectifs et noms propres : *luc-inius* myope, *fec-inius* plein de lie : — *Lic-inius*. — Dans ce suffixe *i* est lettre de liaison.

265. — **īna**, désigne l'*instrument*, la *profession*, le *produit* d'une action, le *lieu* où elle se fait, des objets divers : *medic-ina*, *discipl-īna*, *coquīna* et *culīna* cuisine, *mol-īna piscīna carina pruina farina ruina urina rāpīna vagīna sentina of-ficina* pour *opificina*, *fodina salina cortina*; *rāpina* un champ de raves; *cæpina* planche d'oignons.

266. — **ina** indique aussi le féminin du nom correspondant, comme ιvη et ιννα dans le grec et *in* ou *inn* dans l'allemand : *gall-īna* poule, *reg-īna* reine.

267. — **īnu-s**, **īnu-m**, entre dans les noms suivants : *cam-īnus* cheminée, *cat-īnus* plat, *pulv-īnus* coussin, d'où *pulvinar*, *sobrīnus* cousin, *lup-īnus* et *lup-īnum* lupin, *veter-īnum* pour *veh-ter-īnum* bête de somme.

268. — **īnu**-*s* forme aussi des adjectifs de relation qui expriment la *provenance*, l'*origine*. V. **anu**-*s*, **enu**-*s* (254, 260). — *And-inus* d'Andes, *Alexandrinus* d'Alexandrie; *angu-īnus asinīnus canīnus equīnus marīnus ferīnus*, de serpent, d'âne : *vic-īnus* du même bourg, voisin ; *sup-īnus* couché, **sup**, **sip** jeter. — **inus** forme encore des noms propres : *Sab-īnus*, *Rufīnus*, *Asellinus*, *Justinus*, *Severinus ; Potīna* déesse qui présidait à la boisson des enfants ; *Rusīna* déesse de la campagne; *Cunina* déesse des enfants au berceau ; *Lucina Statina Tutelina Libitina*.

269. — **in-ia**, **in-iu**-*m*, donnent *lac-īnia* frange, pp. déchirée ; *vacc-īnium* vaciet, *ric-īnium* robe de deuil, *rica*.

270. — **ōn** forme des noms de *profession* et d'*agent* : *latr-o -ōnis* soldat, brigand ; *calo -ōnis* goujat d'armée qui porte le bois, κᾶλον ; *leno*, *mango* marchand d'esclaves ; *tiro* apprenti ; *o-pilio*, *upilio* οἰο-πολῶν berger, *ō* et *ū* représentent *ov(is)*. — **ōn** forme encore des noms augmentatifs qui indiquent la *grosseur* ou *grandeur* d'une partie désignée du corps, ou l'*intensité* d'une qualité : *capito -ōnis*, *fronto -ōnis*, *labeo*, *naso*, *mento*, *pedo*, etc., qui a une grosse tête, un large front, de grosses lèvres, etc. : *bibo* grand buveur, *edo* grand mangeur ; *cato*, *gulo*, *gluto*, *aleo*, *volo*, *erro*, *blatero*, *esurio*, *catillo*, *nero* courageux, mot sabin, cf. ἀ-νήρ ; *nebulo* fripon, pp.

homme qui s'enveloppe de brouillard; *strabo* (et *strabonus*, *strabus*) louche, cf. στρέφω. — Des noms propres, indicatifs de qualités : *Cicero*, *Piso*, *Cato*, etc. — **ōn** forme en outre des noms d'animaux et d'objets divers : *burdo ōnis*, mulcton ; *bufo* crapaud ; *taxo buteo scorpio bubo falco pavo* : — *unio* oignon, perle ; *calo* sabot, κᾶλον ; *sapo sipho carbo*. — V. **mōn** (100).

271. — **ōna, ōnu-s**, variantes du précédent, forment des noms de profession : *col-ona* paysane ; *caup-ōna* cabaretière ; *matr-ōna* dame ; *patr-ōna* protectrice. — Beaucoup de noms de déesses : *Bell-ōna*, *Bub-ōna*, *Abeōna*, *Redcōna*, *Mellōna*. — *Annona* provision de l'année, *corona* couronne, *persona* masque, etc., *zona* ceinture ; mots qui n'ont rien de commun que la forme avec les précédents. — *Col-ōnus*, *patr-ōnus*, *strab-ōnus* louche.

272. — **ōn-iu-s** et **ōn-ia**. Des noms en **ōn** par l'addition de *ius* se forment des adjectifs correspondants à ces noms, *caup-on-ius* de cabaretier, *full-on-ius* de foulon. — Sur ce modèle se sont aussi formés des noms d'hommes, de dieux et de déesses qui ont dû être des adjectifs dans l'origine : *Petronius*, *Pomponius*, *Centronius*, *Sempronius*, etc., et leurs formes féminines ; *Favonius* nom latin du Zéphir : *Feronia* déesse des bois et des champs, ; *Pellonia*, *Fessonia*, *Vallonia*, *Morbonia*, etc.

273. — **ōn-iu-m**, **o-ci-niu-m**. Des noms en **ōn** marquant une profession, se sont faits des noms abstraits en *onium* indiquant cette profession elle-même. Cependant il s'en faut de beaucoup que tous les noms possibles de cette forme existent, peut-être n'y a-t-il que les suivants : *full-onium* foulerie ; *mang-onium* maquignonage ; *cauponium* métier d'aubergiste. — V. **iu-m** (72). — Mais, comme les noms que nous allons citer répondent tous à

des noms en *ōn*, nous n'hésitons pas, malgré leur différence apparente, à les regarder comme des formes dérivées de ces mêmes noms : cette différence consiste dans la seule syllabe *ci* intercalée comme elle l'est dans *in-ci-tega*, *con-ci-pilo*, *re-ci-procus*, *re-ci-pero* et *re-cu-pero*, pour *in-tega com-pilo re-procus re-pero*. Quelque extraordinaire que paraisse cette insertion, elle n'en est pas moins certaine (V. *Vossius*, au mot *incitega*). Si donc nous admettons qu'elle ait eu lieu aussi dans les mots qui nous occupent, savoir : *latr-ocinium* profession de brigand ; *len-ocinium* trafic d'esclaves ; *patr-ocinium* patronage ; *tir-ocinium* apprentissage ; ils seraient pour *latr-onium*, *len-onium*, *patronium*, *tironium*. — *Ratiocinium*, raisonnement, répond à *ratio*, qui tient au suffixe suivant. Cette même syllabe *ci* est entrée pareillement dans les verbes correspondants, *latrocinor*, *lenocinor*, *patrocinor*, *ratiocinor*, qui s'expliquent de même. — V. **monia** (101). — *Vati-cinium* et *tibi-cinium* sont des composés de *cano*.

274. — **iōn** forme des noms masculins qui désignent des *instruments* : *pug-io -ōnis* poignard ; *scip-io* bâton, cf. *scapus*. — 2° des noms propres : *Asellio*, *Pollio*, *Felicio*, *Scipio*. — Avec divers suffixes précédents, il fait : *long-ur-io* homme long et mince comme une perche, *longurius* ; *gurg-ul-io* charançon ; *ard-ēl-io* bouillant ; *ardeo* être ardent ; *pap-il-io* papillon, *papare* manger, goûter.

275. — **iōn, t-iōn, s-iōn** forment des noms féminins qui désignent l'*action* : *ad-ag-io -ōnis* adage, sentence, cf. *ajo* pour *agio* parler ; *con-cio -ōnis* assemblée, *cio* mouvoir, réunir ; *con-tag-io* contagion ; *ob-sid-io* blocus ; *opin-io*, *unio*, *pac-io* pacte ; *reg-io* étendue de terrain ; *re-ligio*, *oblivio*. A plusieurs de ces mots répondent des formes en *ium* : *adagium contagium obsi-*

dium oblivium. — **t-iōn** : le plus souvent *ion* est précédé de *t* : *ac-tio -ōnis* action ; *lec-tio* lecture ; *ama-tio moni-tio audi-tio satio ratio*, action d'aimer, d'avertir, d'entendre ; — *fusio* pour *fud-tio*, *pres-sio*, *flexio*, *nexio*. — V. **ti** (137).

276. — **ūna**, **ūnu**-*s* donnent *fort-una* fortune, de *fors*, *fortis*; *lac-una* fosse d'eau : *Sup-una* déesse du sommeil, *Vac-una* du repos. **un** entre encore dans *lac-un-ar* plafond ; *pec-un-ia* argent. — Dans *tribū-nus* d'où *tribunal*, *u* est radical, si *tribus* doit être divisé *tri-bu-s*, de *bu* = *fu* produire : peut-être les adjectifs *op-portu-nus*, *importunus* (*por-tu-s* port?) et *jejunus* dont l'étymologie est incertaine. — *unus* abrégé de *umnus*, forme complète (99).

277. — **œn-u**-*s* analogue à *unus*, parce que *œ* et *u* permutent ensemble, cf. *pœna* et *punio*, etc., ne se trouve que dans *am-œnus* aimable, *am* aimer ; et dans *Camœnæ* muses, que Festus dit être pour *Cas-mœnæ*, cf. *car-men* chant, pour *cas-men*.

ARTICLE SECOND.

Suffixes des mots conjugables (verbes).

§ Ier. *Suffixes voyelles* (**a**, **e**, **i**, **u**).

278. — **ā** donne naissance aux verbes qui composent la première conjugaison, où il est une simple voyelle dérivative. Quelquefois il paraît inhérent à la racine même, et servir à rendre possible la prononciation de sa consonne ou de ses consonnes, *nā-re*, *flā-re*, *stā-re* ; mais il y a ici une distinction à faire : *a* est radical quand il est bref, *dă-tum*, *ră-tum*, *să-tum* ; la racine est alors le thème primitif pur. Quand il est long, il doit être considéré comme suffixe, parce qu'alors *a* radical est combiné

avec *a* dérivatif, d'où résulte la syllabe longue, ou plutôt le second s'est substitué au premier. Ainsi *fā-ri*, *nā-re*, représentent *fă-ā*, *nă-ā*. Cette dernière racine *nă* a dû exister, car elle est restée dans *nă-to*. — *ā* dérivatif est long, ainsi que *ē* et *ī*, non-seulement dans tous les temps et modes du verbe, mais dans tous les mots qui en sont dérivés. — **ā** se joint à d'autres suffixes : — *sud-ā-re*, *loc-ā-re*, *alb-ic-ā-re*, *scel-er-ā-re*, *trep-id-ā-re*, *dic-t-ā-re*, *dic-ti-t-ā-re*, etc.

ā dérivatif donne une signification causative à certains verbes, dont quelques-uns allongent leur racine brève, ce qui est sans doute l'effet de la dérivation intérieure (31) : *fug-ere* fuir, *fug-ā-re* mettre en fuite; *dol-ere* souffrir, pp. être coupé, *dol-are* tailler; *plăcere* (être doux, paisible) plaire, *plācare* apaiser; *sĕdere* être assis, *sēdare* (asseoir) calmer; *lĭquere* être clair, *līquare* rendre clair un liquide en le filtrant.

Le suffixe *a* sert aussi de base à quelques verbes en *sco*, *pa-sco*, *gel-a-sco*, *lab-a-sco*, *puer-a-sco*, (*ge*)*na-scor*, *veter-a-sco*.

279. — **ē** produit les verbes de la deuxième conjugaison, soit transitifs, soit intransitifs : *doc-ē-re*, *mon-ē-re*, *hær-ē-re*, *rig-ē-re*, *sil-ē-re*, *tum-ē-re*. — Quelques verbes intransitifs en *ē* répondent à d'autres transitifs forts de la troisième conjugaison : *pend-ē-re* être pendu, *pend-ĕ-re* pendre, peser; *pār-ē-re* se produire, *păr-ĕ-re* produire; *rig-ē-re* être (droit) roide, *reg-ĕre* dresser.

Le suffixe *ē* est la base d'un grand nombre de verbes inchoatifs en *sc-o* : *cresco*, *flavesco*, *suesco*, etc.

280. — **ī** forme les verbes de la quatrième conjugaison : *aud-ī-re*, *dorm-ī-re*, *sent-ī-re*, *vinc-ī-re*. — Il donne lieu à des verbes en *sco*, *long-i-sco*, *reviv-i-sco*, *ap-iscor*, *nanc-iscor*, *pac-iscor*, *ulc-iscor*, *obliv-iscor*.

281. — **ŭ** forme des verbes qui appartiennent tous

à la troisième conjugaison. Dans les uns *u* est radical, *ru-o, su-o, nu-o, lu-o, fu-o**; il n'en est pas ici question. Dans les autres *u* est suffixe, et produit des verbes analogues aux verbes grecs en *ο-ω* : *ac-u-o* aiguiser ; *arg-u-o* rendre clair ; *bat-u-o, stern-u-o, min-u-o, stat-u-o* *στατ-ύ-ω*. Dans *so-lv-o* (*so-luo, so = se*) *v* remplace *u*. — *Metuo* est étranger ici, s'il est dérivé de *me-tù-s* pp. tremblement, **me** mouvoir. — *Flu-o, fru-o** et *stru-o* ont chargé leur racine *flu, fru, stru*, d'une gutturale, *fluc-tus, fruc-tus, struc-tum* ; ou la racine *flu-c, fru-c, stru-c* a perdu cette gutturale, qui n'est qu'une lettre formative. Les formes en *u* seul étant plus simples, la première supposition est plus vraisemblable.

§ II. *Suffixes consonnes.*

A. Consonnes labiales (**v**, **m**, **b**, **p**).

282. — **v** est suffixe dans *fer-v-o, fer-veo* être chaud, *θέρ-ω* (*f* = *θ*, cf. *fera θήρ, foris θυρὰ*, etc.) ; *vi-v-o* vivre (*vih, vic + vo*) ; *ni-v-eo* cligner des yeux, cf. *nic-tum, nic-to* ; à moins que dans ces deux mots *v* radical, *viv, niv*, ne se soit transformé en gutturale, cf. *nix* (*nic-s*) *nivis* neige, *ninguis nig-vis* (Festus), *ningo* et *ninguo* neiger : *fiveo* fuir (Festus) pour *fih-veo fig-veo, fih* ou *fig = fug*, ou *fiv = fug* : *na-vo* faire avec zèle, pour *gna-vo*, cf. *navus gnavus γενναῖος* : *vol-v-o* où *v* se vocalise, *vol-u-tum, vol-u-men*.

Nous avons vu (30) que *av, ov, uv* sont les formes euphoniques devant les voyelles correspondantes à *au*, développement de *u* primitif. Ainsi *lav-o = lu-o* ; de même pour *caveo, faveo, foveo*, etc. ; mais *v* n'y est pas suffixe.

283. — **m** est formatif, mais non suffixe proprement dit dans les verbes suivants : *cre-mo* dessécher, brûler ; *co-mo* pour *cos-mo* orner, ajuster, cf. *κοσμός* ; *cla-mo*

crier, cf. *cala-re* appeler ; *dor-mio* dormir, cf. *δαρ-θάνω* ; *ge-mo* gémir, *γο-άω* ; *fre-mo* bruire, frémir, *βρέ-μω* ; *hu-meo* être humide, cf. *χυ* verser ; *ti-meo* craindre, *τί-ω* ; *tu-meo* être gonflé ; *premo* ?. — **m** est radical dans *emo* et ses composés *sumo*, *demo* (sub-imo, de-imo). — V. **or**, **mor** (222).

284. — **ŭm** ou **ĭm** forme les trois verbes suivants : *aut-umo* penser ; *neg-umo* (Festus) nier ; *æst-umo* ou *æstimo* apprécier (*αἴσθ-ομαι*) : *u* est voyelle de liaison.

Il n'est pas question ici, ni nulle part, des dérivés de dérivés, comme sont *formare*, *animare*, *rumare*, *firmare*, etc., dérivés de *for-ma*, *ani-mus*, *ru-ma*, *fir-mus*.

285. — **p** paraît formatif dans *pal-p-o* manier, cf. *pal-ma* *παλά-μη*. Il l'est sans doute encore dans *rus-por* et d'autres verbes ; mais ce ne sont pas là des suffixes proprement dits (104).

286. — **b** est aussi formatif dans *bi-bo* *πί-ω* ; *su-bo*, *fer-bui* de *fer-veo*. Il l'est aussi probablement dans *glabo*, *glubo*, *scabo*, etc. ?

B. Consonnes dentales (d, t, s, x).

287. — **d** est formatif dans plusieurs verbes, comme *δ* et *θ* dans le grec : *ἄλ-δω*, *ἀλ-θώ*, *πλή-θω*, *γη-θέω*, etc. : — *clū-do* et *clau-do* fermer, cf. *clav-is*, *κλείω* ; *ten-do* tendre ; *or-dior* commencer, cf. *or-ior* ; *ru-do* braire, cf. *ru-mor* ; *fu-do** *fundo* verser, *χύ-ω* ; *gau-deo* se réjouir ; *gav-isus*, *au-deo* oser, **av** aller, se porter vers, désirer, cf. *aveo*, *avi-dus* ; *lau-do* (pour *clau-do*) louer, cf. *clu-o* célébrer ; *mor-deo* mordre ; *fre-do** *frendo*.

288. — **t** paraît comme lettre formative ou comme suffixe dans un certain nombre de verbes : 1° il est un appendice nul, à l'instar des verbes grecs (*τύπ-τ-ω*, *βλάπ-τ-ω*), dans *flec-to*, *nec-to*, *plec-to*, *pec-to*, *mit-to* ; 2° formatif dans *pu-teo* être pourri ; *fœ-teo* sentir mau-

vais, cf. πύ-θω, *fœ-dus;* dans *fœteo* l'aspiration est transposée (451).

3° **ta** est intensif dans *por-ta-re*, *na-ta-re*, *capto*, *ten-to*, *mu-to*, cf. *mo-tum;* *pul-to* ou *pul-so*, *mer-to* ou *merso* de *mergo;* *gus-to;* *pu-to* émonder; *dic-to*: *pavito volito vendito agito habito*, *clamito* criailler, *flagito* prier avec instance, etc. — 4° Quelques verbes paraissent optatifs : *nosc-ito*, *sci-sc-itor* chercher à connaître, à savoir; *dormi-to* sommeiller; *cap-to*, *prenso*. — La signification du suffixe n'est guère prononcée dans *bubulcito* garder les bœufs; *hinnilito* crier comme le mulet; *periclitor*, *nobilito*, *debilito*, *amussito*, *suppedito* mettre sous les pieds, fournir.

289. — Mais les vrais fréquentatifs sont ceux qui joignent **i-tā** à la racine du supin du verbe primitif : *act-itare*, *can-t-itare*, *dic-t-ito*, *curs-ito*, *mers-ito*, *miss-ito*, *pens-ito*, *tons-ito*, faire, chanter, dire, courir, etc., sans cesse. — Mais il ne faut pas regarder comme appartenant à cette classe des verbes dénominatifs tels que *equito*, *tudito*, etc., dérivés de *eques*, *tudes*.

290. — **ot**, **ut** : *ægr-oto* être malade, *ægrotus;* *balbutio* balbutier, *cæcutio* être aveugle, *frigutio* frissonner. Ces verbes sont dénominatifs des adjectifs *cæcutus balbutus*, *frigutus*, participes inusités de verbes perdus, et indiquent l'affection signifiée par les adjectifs *cæcus*, *balbus*, d'où ils viennent.

291. — **s.** — **sc** forme des verbes dits *inchoatifs*, qui expriment le commencement et le progrès d'une action, d'un état. *Esco* a été, à une certaine époque de la langue, le futur du verbe *sum* (1); devenu suffixe, il

(1) *Escit* pro *erit* veteres dicebant (Festus); Lucrèce a dit :

Ergo inter rerum summam minimamque quid *escit* ?

Esco n'est que la forme primitive *eso* (*ero*), renforcée par *c*.

paraîtrait bien approprié à désigner le commencement d'une action, d'un état ; cependant cette explication des verbes en *-sco* ne semble pas devoir être admise, à cause des verbes grecs en σκω, auxquels elle ne convient pas. Ce suffixe se joint aux voyelles *a*, *e*, *i* et *u*. *Tener-asco* s'attendrir, *acet-asco* s'acétifier, *amasco* s'amouracher, *gelasco*, *labasco*, *puellasco*, *veterasco*, *puerasco*, *irascor* s'irriter, suppose *ira-re* irriter, d'où *iratus; nascor* pour *genascor* être produit, passif de *genao* engendrer, d'où *gnatus.* — *Quie-sco* (*quieo*) se reposer ; *acesco* (*aceo*), *albesco* (*albeo*), *incresco*, *rubesco*, *flavesco*, *juvenesco*, *senesco*, devenir aigre, blanc, noir, rouge ; etc. ; *cre-sco* croître, devenir grand, répond à *cre-o* faire croître ; *crebresco*, *tenebresco*, *arboresco*, *dumesco*, *silvesco*, *ægresco*, *lucesco*, etc., devenir fréquent, ténébreux, arbre, etc. — *Dormi-sco* s'endormir ; *tremisco* devenir tremblant ; *fatisco* s'affaisser ; *revivisco*, *resipisco*, *longisco*, *proficiscor* partir, se porter en avant, de *proficio ; nanciscor* rencontrer, suppose *nancio* que Priscien cite de Gracchus ; *paciscor* (*pacio*, Festus) se lier en promettant, promettre, synonyme de *polliceor* (*por* ou *pot* + *lacio*) ; *adipiscor* acquérir ; *apio.* — **u-sc** ne se trouve que dans *ærusco* escroquer de l'argent, et *corusco* briller, rendre brillant, signifie un éclat scintillant (agiter ou s'agiter, comme *coruscus* agité, balancé, et brillant) ; cf. κορέω nettoyer, κόρη prunelle de l'œil, la brillante.

En général ces verbes sont intransitifs. Cependant quelques-uns sont transitifs : *pas-co*, *nosco* pour *gnosco* : *posco* paraît offrir une contraction de *potesco*, *pot-sco* de *peto* (1). — *Disco* est abrégé de *dic-sco*, comme le

(1) *Opto* = ποθῶ, *peto* = πίθω, *posco* (*pot-sco*) = ποθσκω, comme πάσχω vient de πάθ-σκω, où l'aspiration du θ retombe sur κ.

prouve *di-dic-i*. A *dic* répond *doc-eo* forme causale; *misceo* = *mic-sc-eo*.

292. — **ess, iss**. Les verbes formés de ce suffixe expriment la *fréquente répétition* d'une action et l'*ardeur* pour la faire; quelques-uns signifient de plus le zèle pour *imiter*, et par suite la *ressemblance*. Ces verbes sont donc à la fois *fréquentatifs* et *désidératifs* ou *optatifs*. **iss** est particulièrement la forme grecque *izo* ιζω latinisée. *Cap-esso*, *fac-esso* saisir, faire avec empressement; *lac-esso* tirailler, harceler; *pet-esso* demander souvent et avec instance; *ar-cesso* (*ar* = *ad*) mander, faire venir; *ronch-isso* ronfler avec force; *statasso* placer, dresser avec zèle, *a* par assimilation, *statuo*; *pitisso* et *pytisso* πυτίζω agiter dans sa bouche un filet de vin qu'on a pris pour le goûter, peut-être par assimilation pour *potisso* de *poto* (Donat); *vibr-isso* fredonner, *vibro*; *incipisso* commencer avec ardeur; *comissor* se livrer avec ardeur au plaisir de la table, κῶμος. Les quatre premiers verbes sont tirés de formes en *io*, *capio facio lacio petio** (*petivi petitum*). Aussi Priscien se trompe quand il dit que *arcesso* (*ar* + *cio* = *ac-cio*) est fait par analogie, malgré sa racine en *io*. — *Incesso* intensif de *incedo*, vaut *in-ced-to* et n'appartient pas ici. — Les verbes suivants expriment plus spécialement l'imitation, l'empressement à imiter : *patrisso* imiter son père, *atticisso*, *græcisso*, *sicilisso*, affecter le langage, les usages, les manières, les mœurs des Athéniens, des Grecs, des Siciliens.

293. — **iz**, suffixe de verbe, tout grec et étranger au latin : *barbarizo* parler et agir comme les barbares; *baptizo*, *citharizo*, *colaphizo*, etc. — C'est de ces verbes que viennent les noms en *is-ta* (121). La forme latine de *izo* est *isso*, précédent.

C. Consonnes gutturales (g, c).

294. — **g** est sans doute originairement formatif dans les verbes tels que *jurgo mergo fulgeo mulgeo spargo tergo vergo*, etc.; mais ce *g* est devenu inhérent à la racine secondaire dont il est inséparable.

295. — **īg-ā** : ce suffixe paraît dans quelques verbes où il n'a pas de sens bien marqué : *cal-īgā-re* être obscur, *calīgo* brouillard, **cal** *couvrir; cast-īgo* châtier (Hésychius : κάστος courroie, bâton); *fat-īgo* fatiguer, obscur, cf. *fessus; fust-īgo* bâtonner; *vest-īgo* suivre à la piste, *vestigium;* et *fast-īgo* terminer en pointe, *fastigium*, tous deux d'origine peu sûre.

296. — **ĭg-ā** : ce suffixe diffère du précédent, et n'est que l'affaiblissement de *ago* faire, *a* changé en *i* comme dans les composés (359), ce que sont en réalité les verbes qui en sont formés : *fum-ĭgā-re, nav-ĭgo, rem-ĭgo, lit-ĭgo : pur-go* pour *pur-ĭgo, lēv-ĭgo, gnar-ĭgo* (Festus) raconter, pp. rendre instruit, *mit-ĭgo, vari-ĕgo* bigarrer (448). Ces verbes représentent donc *fum(um), mit(em) ago*, etc. De là les noms *nav-ig-ium lit-ig-ium, rem-ig-ium.*

297. — **c** est formatif dans *mul-ceo*, cf. μαλακός; dans *cal-co, mul-co* frapper, cf. *plec-tò, par-co, lur-cor, alter-cor.*

298. — **ĭc-ā** signifie la *tendance* à l'état indiqué, la *ressemblance*, la *fréquence : alb-ĭcā-re, cand-ico, nigrico* être ou devenir blanchâtre, noirâtre; *claud-ico* boiter; *man-ico* couler souvent; *vellico, mordico* et *morsico* mordiller; *tenebrico, communico, follico, splendico, fabrico, frondico, nutrico, varico*, etc.

D. Consonnes liquides (r, l, n).

299. — **r, er**, forment *flag-ro, frag-ro, lat-ro,*

migro, libro, vibro. — *Patro* faire, produire, dénominatif de *pater.* — *Penetro* par assimilation pour *penitro* de *peni-ter* = *penitus.* — **cr** paraît dans *lac-ero, lambero* déchirer, *lamb, lab; blat-ero* bavarder. Mais *cr* se trouve dans un grand nombre de verbes dérivés de noms et d'adjectifs conservés ou perdus qui ont ce suffixe; tels sont : *ven-eror, vulnero, libero, macero, propero,* etc. — *Tempĕro* et *pignero* supposent *pigneris* et *tempĕris* remplacés par *pignoris* et *temporis.*

300. — **tŭ-ri-, sŭ-ri-** : ce suffixe marque le *désir,* ce qui fait appeler *optatifs* ou *désidératifs* lès verbes qu'il forme. Il est formé de *rio* pour *sio,* σείω, joint à *tu* nom de l'action. (*tu*)*rio* ne diffère probablement qu'en apparence de *esso* (292) pour *esio,* dont *i* se sera consonnifié et assimilé à *s.* —*Ama-turio, can-turio, cœnaturio, dicturio, moriturio, empturio, facturio, lecturio, petiturio, scripturio* : — *esurio* pour *ed-turio, nixurio* pour *nic-turio,* etc.; avoir envie d'aimer, de chanter, de souper, de parler. — Dans *prurio* pour *prus-io* (*per* + *us-o* brûler) *ur* est radical.

301. — **ŭl, ŏl, ĭl, l** : (*o* et *i* affaiblis de *u*). Ce suffixe, le plus souvent sans valeur prononcée, semble avoir quelquefois un sens fréquentatif et diminutif : *amb-ulo, lut-ulo, jugulo* égorger, cf. *jugulum ; ustulo* brûler, *ustum; pull-ulo* pousser des rejetons, *pull-ulus; strang-ulo* pp. tordre le cou; *postulo* demander avec instance, *postum** (*poscitum*), ou simplement de *post* : —*nid-ulor, mod-ulor, spec-ulor, grat-ulor; pet-ul-ans* vient d'un verbe *petulo** attaquer. — *Vi-olo* violer, *vi-s.* — *Bomb-ilo, rut-ilo, vent-ilo, sib-ilo,* pour *subulo, ejulo* crier εἶ! hélas! *bubilo, bubulo, ululo.* — Le suffixe *ul* ou *il,* où *u* et *i* sont voyelles de liaison, se réduit à *l* dans *tol-lo, pel-lo, fal-lo, vel-lo,* etc.

302. — **cul.** Dans les quelques verbes où il entre,

cul semble avoir un sens plutôt fréquentatif ou intensif que diminutif. *Fissi-culo* fendiller; *missi-culo* envoyer souvent; *gesti-culor* gesticuler; *pandi-culor* s'étendre en bâillant; *os-culor* baiser.

303. — **n**, est un suffixe sans valeur dans *cer-no*, *sper-no*, *ster-no*, *tem-no*, *si-no*, *li-no* et *pō-no* pour *pos-no*.

304. — **ĭn**, le même que le précédent, forme un petit nombre de verbes dont la plupart ont vieilli. *Lanc-ĭno* découper, cf. *lacero*, *lacinia*; *lurc-ĭnor* manger goulûment; *nat-ĭno* trafiquer; *neg-ino* nier; *mug-inor* murmurer; *pag-ino* = *pango* assembler solidement; *sent-ino* sentir; *tam-ino* souiller (*tag-mino*, racine *tagó?*); *red-ino*, *redeo* revenir; *consulino*, *consulo*; *de-st-ino* lier, attacher, etc.; *ob-st-ino* s'attacher opiniâtrément à, **st** fixer.

ARTICLE TROISIÈME.

Suffixes des mots invariables (*adverbes* et *particules*).

305. — L'adverbe qualificatif est invariable de sa nature : c'est le dédoublement fixe de l'adjectif, ou plutôt c'est l'adjectif lui-même immobilisé, et par là destiné à exprimer d'une manière absolue la qualité qu'il signifie. — La qualité exprimée par l'adverbe étant susceptible de plus et de moins, il a comme l'adjectif les trois degrés de signification : le comparatif est *ius* comme le neutre de l'adjectif. — L'on emploie comme adverbes beaucoup d'adjectifs à un cas oblique : c'est par eux que nous commencerons.

§ Ier. *Adjectifs employés adverbialement.*

1. Ablatif (â, ô, ê, î).

306. — **ā**. Les adjectifs de cette forme, pris comme

adverbes et comme prépositions, sont des ablatifs singuliers féminins, employés d'une manière absolue par la suppression du nom qu'ils qualifiaient (*viā*, *regione*, *parte*, etc.). Tels sont : *rectā*, *dextrā*, *unā*, *illā*, *quā*, *eā*; les composés *eā-tenus*, *quā-tenus*, *illā-tenus*; *posteā*, *postillā*, *intereā* : *ha-c*, *illa-c*, *ista-c* (*hā* + *ce* démonstratif). — *Frus-trā* (*viā*, *ratione*). — Les prépositions *citrā* (parte), *circā*, *contrā*, *extrā*, *infrā*, *intrā*, *juxtā*, *suprā*, *ultrā*, viennent des adjectifs *citerus circus* conterus exterus inferus interus juxtus* superus ulterus*; formés de *ci-s* en deçà (Festus), *circus*, *ex*, *in*, *jungo*, *super*, *ul-s* (Festus). Que ces mots soient des ablatifs singuliers féminins, c'est ce que prouve leur forme dans l'ancienne langue où l'on trouve *extrad*, *suprad*, *arvorsum ead fecisent* (Scs. de Bacch.), avec *d* signe de l'ablatif. — V. note A.

307. — **ō** : les adverbes de cette forme sont des adjectifs à l'ablatif singulier masculin ou neutre, avec ellipse de *modo*, *loco*, *ordine*, *tempore*, etc. On trouve (Scs. de Bacch.) *in oceltod*, *in poplicod*, avec *in* et *d* final, signe de l'ablatif. Ces adverbes répondent aux adverbes grecs en ω et ως = *od*. — *Consulto* (modo) d'une manière réfléchie; *merito*, *continuo*, *mutuo*, *omnino*, d'un adjectif *omninus* entier, perdu; *serio*, *gratuito*, *fortuito*. — *Crebro*, *raro*, *sero* (tempore) tard, le soir. — *Primo*, *secundo*, *tertio*, etc. (ordine, loco) : *intro* (intero loco), *porro*, *retro*, *ultro*, *citro*, *eo*, *illo*, *quo* (loco, motu, itinere). — *Illicŏ*, *modŏ*, *dummodŏ*, *citŏ*, *imŏ*, ont perdu dans leur quantité la trace de leur origine.

308. — **ē** est la forme la plus ordinaire de l'adverbe répondant à l'adjectif de la deuxième déclinaison. C'est, sans aucun doute, une forme d'ablatif comme *ā* et *ō*; peut-être même n'est-ce que *ō* lui-même affaibli; on

trouve en effet ē à côté de ō, *certō certē*, *continuō continuē*, etc. L'ancienne forme était *ed*, par conséquent un ablatif (*ubei facilumed gnoscier potisit*, *ubi facillime nosci poterit*, Scs. de Bacch.). **ē** forme des adverbes d'adjectif de tout suffixe : *longē*, *purē*, *certē*, *facundē*, *languidē*, *dolosē*, *dignē*, *festivē*, *sævissimē*. — Les adverbes *benĕ* (benus* bonus), *malĕ*, *infernĕ* et *supernĕ* font exception pour la quantité de la voyelle.

309. — **ĕ** : quelques noms de la troisième déclinaison s'emploient à l'ablatif comme adverbes : tels sont, *forte* par hasard (*si quà fors adjuvet ausum*, Virg.) ; *sorte*, *sponte* sontanément, *spons* inusité ; *impete* impétueusement ; *jure* avec droit ; *rite* selon le rite, *rītes -is* (*rīte nefasto*, Stace) ; *vespere* le soir ; *mane* le matin ; *repente* (modo).

310. — **i**, dans les mots suivants, représente un ancien cas locatif, perdu dans la langue, ou plutôt qui s'est divisé entre le datif et l'ablatif : (être) *domi* à la maison ; *belli* à la guerre ; *humi* à terre ; *ruri*, devenu plus tard *rure*, à la campagne. C'est à ce cas que sont mis les noms de villes dans les locutions telles que *esse Corinthi*, *Romæ* (*Romā + i*) ; *Carthagini*, *Lacædemoni*, dans le sens locatif. Ici reviennent les formes *pristini*, *crastini*, *peregri*, *vesperi*, *heri*, *mani*, qui se trouvent à côté de *pristine crastine peregre vespere here mane*, c'est-à-dire de l'ablatif ; les adverbes *pri-die*, *postri-die*, *hi-c*, *illi-c*, *isti-c*, *si-c*, d'une racine pronominale *s* (V. **cc**, 328) ; les expressions *die noni*, *die quinti*. V. **bi** (327) et la note A.

311. — **ū** paraît avoir été une ancienne forme d'ablatif, dont il est resté quelques expressions adverbiales : *noctu* de nuit ; *diu* de jour, longtemps ; *interdiu* pendant le jour ; *lucu* id. : de *dium* et *lucus* : *Veteres dicebant* lucum, *pro luce*, *pro sole ponentes*, Donat ; cf.

λύχος soleil : *simitu* = *simul*, *præstu* = *præsto*, *fortuitu* = *fortuito*. Il faut joindre ici les adverbes *hu-c*, *illu-c*, *istu-c*. V. **ce** (328).

2. Accusatif (**am**, **as**, **um**, **im**).

312. — **am**, accusatif singulier féminin, forme les adverbes suivants : *perperam* mal; *protinam* de suite; *promiscam* pêle-mêle; *clam* pour *calam*, d'un adjectif *calus** caché, d'où *cal im* conservé par Festus, cf. καλύπτω, *cal-igo; palam*, *coram*, dont toutes les étymologies données sont fort contestables; tous les adverbes des adjectifs en *farius*, *bifariam*, *multifariam*, etc.; *tam*, *quam* et son composé *quamquam;* des adjectifs *tu-s* (ὁ, ἡ, pour τό-ς, τή, τὸ) et *qui*.

313. — **as**, accusatif pluriel féminin, ne s'est conservé que dans *ali-as*, *alteras* et *foras*.

314. — **um**, accusatif singulier neutre : cela est prouvé par les locutions, *in æternum*, *in posterum*, *in tantum*, *in quantum*, etc. — *Æternum*, *multum*, *tantum*, *quantum*, *plurimum*, *paulum*, *utrum*, *parum*, *nimium*, *potissimum*, *versum* et ses composés *horsum*, *illorsum*, *quorsum*, *seorsum*, *sursum*. D'autres expriment la quantième fois : *primum*, *secundum*,..... *ultimum*, *extremum*, *supremum*. — *tum et quum* n'ont pas d'autre origine, comme *tam* et *quam;* de même *num?* et surtout *num* (νέον) non interrogatif, le même que *nunc* dans *etiam-num*, et *dum* peut être considéré comme l'accusatif de *dium* jour : voyez-le (333) comme suffixe. — *Nunc* et *tunc* pour *num* (νῦν, νέον, *etiam-num*) et *tum*, avec *ce* démonstratif (*num* + *ce*, *tum* + *ce*).

315. — **im**, **tim**, **sim**. *im* est un accusatif singulier (cf. *navim*, *puppim*) ou peut-être affaibli de *um*, conservé dans peu de mots : *calim* en secret (Festus);

olim, de *olis*, *olus* = *ille; universim*, *interim*. Ici se rapportent *hin-c*, *illin-c*, *istin-c* pour *him* + *ce*, etc., et *utrin-que* pour *utrimque*. Ces adverbes, comme les suivants, indiquent la *manière*, le *mode* de l'action. — Quant à ceux en *tim*, ils sont de deux sortes, les uns dérivés de verbes, les autres formés de noms par analogie. 1° Les premiers doivent être des noms d'action ou d'instrument, comme *pes-ti-s*, *ves-ti-s*, *pos-ti-s* (V. **ti**, **tu**, 137, 140). Ces noms seraient donc analogues à ceux en *tu-s* de la quatrième déclinaison, indiquant l'action; peut-être même sont-ils identiques, en supposant *u* changé en *i*, comme cela a lieu si souvent. — *Collec-tim* sommairement; *stric-tim* en effleurant; *par-tim* en divisant; *jux-tim* en joignant (*jug-s-tim*); *rota-tim*, *modera-tim*, *fur-tim* pour *furatim?*, *festim confestim* en hâte *sta-tim* (étant debout) aussitôt; *divisim*, *cur-sim*, *sparsim*, *passim* (pando). — 2° Adverbes formés de noms : *angulatim* angulairement; *canatim* en chien; *filatim* fil par fil; *fustim* à coups de bâton; *oratim* de rivage en rivage; *viatim* de rue en rue; *viritim* homme par homme; *vicissim*, *vicissatim* tour à tour; *alterna-tim*, *summatim* : *ordinatim* et *undatim* appartiennent aux deux classes, par les verbes et par les noms. Cette seconde espèce d'adverbes répond aux adverbes grecs en ηδον αδον, δην αδην.

316. — **ĕ**. Cette terminaison est l'accusatif neutre d'adjectifs en *is; facile*, *difficile*, *humile*, *breve*, *subli-me*, *suave*, *grave*, *lene*, *mage* et *pote* de *magis* et *potis*, sont sans doute dans le même cas, ou bien se répondent comme *miraris* et *mirare*.

3. Génitif (us, is).

317. — **ŭs**. La forme primitive du génitif s'est con-

servée dans les pronoms *ej-us illi-us cuj-us ali-us*, etc. A cette forme se rapportent peut-être *versus* et ses composés *adversus*, *rursus* pour *reversus*, *prorsus* pour *proversus*, *quorsus* pour *quoversus*, *introrsus*. A côté de la forme en *us* existe une autre en *um*, *versum*, *rursum*, etc. — *Secus* préposition et adverbe; *ten-us*, *protin-us* (*protinis*, *protinam*), *co-min-us* et *e-min-us*, composés de *manus*, appartiennent à notre suffixe, ainsi que *demus* conservé par Festus et remplacé par l'accusatif *demum*. — *Mord-ic-us* en mordant, répond à *mordico* et à *mordices* les dents incisives.

318. — **is**, dérivé et affaibli de *us* : il paraît dans *nimis*, *magis*, *satis*, *semis*, *foris*, faits peut-être des adjectifs *nimus*, *magus*, *satus*, *semus* et *forus*. *Magis* répond à *mage* comme *malus* à *male*, ou plutôt peut-être *magis* est abrégé de *magius*, comparatif dont *mage* serait le positif; cf. *magis-ter*, *minis-ter*, mots doublement relatifs; cf. encore *pris* pour *prius* dans *pris-cus* et *pris-tinus*. — Notre forme de génitif se montre encore dans *paulis-per*, *tantis-per*, *aliquantis-per*, *quantis-per*, *antis-per*. — *Fortassis* peut-être, est très-incertain (*forte an sis*, i. e. *si vis*).

§ II. *Suffixes d'adverbes.*

319. — **tus** (*t-us*). Les adverbes formés de ce suffixe signifient le *point de départ* (d'où?), et par suite la *manière*. *Animi-tus* du fond de l'âme, *cœli-tus* du ciel, *divini-tus* d'une source divine, *antiquitus*, *humanitus*, *funditus*, *nativitus*, *penitus*, *primitus*, *stirpitus*, *radicitus*, *publicitus*, *intus*, *subtus*. *Varicitus* et *cordicitus* sont vicieusement formés sur *radicitus*.

320. — **ter** (*t-er*), formé très-probablement de *tus*, avec lequel il est dans le rapport de *gen-us* à *gen-er-is*.

Il signifie aussi comme lui la *manière*. Nonius Marcellinus cite beaucoup d'exemples d'adverbes terminés à la fois par *tus* et *ter ;* entre autres, au mot *communitus* pour *communiter*, il cite ce passage de Varron : *Ut deos colere debet* communitus *civitas, sic singulæ familiæ debemus*. Ainsi *tus* serait plus ancien que *ter ;* c'est sans doute pourquoi les adverbes de cette dernière forme sont beaucoup plus nombreux. *Comi-ter* poliment, *gravi-ter*, *leni-ter*, *leviter*, *aliter* (*ali-s* autre). — Quand le radical de l'adjectif finit par *t*, *ter* se réduit à *er*, ou le *t* radical disparaît : *amanter*, *sapienter*, *solerter*, pour *amant-ter*, etc. — **ter** entre encore dans la forme de quelques prépositions : *circi-ter*, *in-ter*, *præ-ter*, *prop-ter*, *sub-ter*. — V. **ter** (157).

321. — **iēs** d'abord **iens**, signifie le nombre de fois. (*Semel*, *bis*, *ter*, *quater*), *quinqu-iēs*, *sex-ies*... *decies*, *vicies* et *vigesies*... *centies ; toties*, *quoties*, *pluries*, *multoties*, cinq fois, six fois, etc.

322. — **ginti** et **ginta**. De leur nature les numératifs appartiennent à la classe des déterminatifs ou articles, quelle que soit leur forme usuelle, car les uns ont celle de noms, les autres celle d'adjectifs ; les autres, invariables, à raison même de leur invariabilité, peuvent être rangés dans la classe des adverbes : tels sont ceux en *ginta*, d'abord *cinta* (κοντα), qui expriment les dizaines. *Vi-ginti* pour *dvi-ginti* (*duo* × *ginti*) 2 × 10, vingt ; *tri-ginta* 3 × 10, trente ; *quadra-ginta* 4 × 10, quarante.... *Decem* et *centum*, qui commencent et finissent la série des dizaines, appartiennent également ici, quoiqu'ils aient altéré leur forme primitive, altération que nous ne pouvons que signaler ici.

323. — **orsum** et **orsus** pour *vorsum* et *vorsus* vers, sont en quelque sorte suffixes dans les mots où ils entrent, et dont nous avons déjà parlé à propos du suf-

fixe d'adverbe *us* : — *intr-orsum*, *-us* tourné vers l'intérieur, dedans (*extr-orsum* dehors, manque à la série) ; *de-orsum* en bas ; *s-ursum*, *-us* en haut, *su-s* ; *pr-orsum*, *-us* en avant ; *retr-orsum*, *-us* en arrière ; *r-ursum* id., une deuxième fois ; *se-orsum -us*, *-im*, à l'écart ; *qu-orsum*, *-us* vers quel lieu ?

324. — **secus** n'est point un suffixe d'adverbe, c'est plutôt la préposition de cette forme qui entre dans quelques expressions composées, dans lesquelles le premier élément paraît le complément du second, qui a la forme d'accusatif : *extrin-secus*, *forin-secus* au dehors, *intrin-secus* au dedans, *altrin-secus*, *utrin-secus* : c'est-à-dire *secus extrim.*, *forim*, *intrim*..... en suivant l'extérieur, etc. — V. **im** (315).

§ III. *Suffixes des particules et des pronoms.*

325. — En dehors des mots formés par la déclinaison et par la conjugaison, il existe une classe de mots distincts même de l'adverbe, formules abrégées, inventées pour la brièveté et la commodité du discours, et qui ont reçu le nom très-vague de particules. Nous allons exposer ici, non leur nomenclature, mais seulement les syllabes enclitiques qui entrent dans plusieurs de ces mots, ainsi que dans la plupart des pronoms conjonctifs ou autres.

326. — **æ** forme *babæ*, *papæ*, bà ! *næ* oui, *præ* devant, *væ* malheur !

327. — **bi** est le signe du locatif, perdu comme cas dans le latin ; resté, mais défiguré le plus souvent dans le datif (note A). Il s'est conservé sans altération dans *ti-bi* et *si-bi*, et modifié dans *mi-hi* pour *mi-bi*. Il forme *i-bi* là, cf. *i-s*, *u-bi* où, et leurs composés, *al-ibi*, *null-ibi* ; *ubi-ubi*, *ubi-nam*, *utr-ubi*, *ubi-que*, *ubi-vis*, *ali-*

ubi, *ali-c-ubi*, *si-c-ubi* (*c* euphonique). La racine de *u-bi* est *u*, cf. *u-ti*, ὅ-τι, ὅ-που. Expressions elliptiques, *ibi* et *ubi* signifient *in eo loco*, *in quo loco*.

328. — **ce**, particule démonstrative qui forme *ec-ce* pour *en-ce*, cf. ἤν, ἠνί (*ec-quis* pour *en-quis*), voici; *hi-c*, *hæ-c*, *ho-c* pour *hi-ce*, et les formes *ha-c*, *illa-c*, *hu-c illu-c istu-c*, *hin-c*, etc.; *nun-c* pour *nun-ce* νύν-γε ou *num-ce*, cf. *etiam-num*; *tun-c*, cf. *tum*; *si-c*.

329. — **cum-que**, forme *qui-cumque*, *qualis-cumque*, *quantus-cumque*, et les adverbes *ubi-cumque*, *ut-cumque*, *quo-cumque*, *qua-cumque*, *unde-cumque*. — Dans *cumque*, *cum* paraît être la conjonction, mais son rôle n'est pas clair. — V. **que** (342).

330. — **dĕ**, dans la pratique, désigne le point de départ; ce serait alors l'équivalent de θεν abrégé. Il forme *in-de* ἔν-θεν, son composé *de-in-de* ensuite, et *un-de* (ὅ-θεν?). Peut-être au contraire, comme -δε, δόμον-δε, exprime-t-il le but vers lequel on va, le point de départ étant marqué par le mot principal.

331. — **dam**, comme *dem* et *dum* qui suivent, paraît renfermer la notion de durée : il forme l'adjectif *quidam* et l'adverbe *quon-dam* (*quom*=*quem diem*); cf. *quon-iam*. *Dam*=*jam* (*diam*).

332. — **dem** (*diem*, δή-ν pour δίη-ν) forme *i-dem* pour *i-s* + *dem*, le neutre *i-dem* pour *i-d* + *dem*, le même; *ibi-dem* là même, *eo-dem*, *i-ti-dem*, *indi-dem* de là même, *tantum-dem tanti-dem toti-dem* autant, *quidem* même, certes; — dans les suivants la notion de durée, effacée dans les autres, est bien prononcée : *tandem* pour *tam-dem* si tard, enfin; *pri-dem* (*pri-diem*) autrefois, cf. *pri-die*; *identidem* de temps en temps; *dem-um* enfin.

333. — **dum** (accusatif, *diu-m* jour, durée; *i* tombé comme dans *bi-duum*) est 1° démonstratif : *mane-dum*

reste un peu; *ades-dum*, *cho-dum*, *inter-dum* par fois; *non-dum* non encore en ce moment; *du-dum* pour *diu-dum* depuis long-temps. 2° Relatif : *dum* aussi long-temps que (*tam-diu quàm*), désigne soit une durée tout entière depuis le commencement jusqu'à la fin, *dum vivo* tant que je vis; soit la fin seule, *dum moriar* jusqu'à ce que je meure. Il entre dans *dum-modò* pourvu seulement que; *dun-taxat* au moins, pourvu que (*à dum et taxo*, *id est*, æstimo, *quasi dicas:* hoc æstimando. — Martinius); *ne-dum* paraît être pour *ne duim*, c'est-à-dire *ne dem*, quoique *dum* y puisse être aussi temporel. — A côté de *dum* on trouve *dōnec* (*dum nec*) et *donicum* (*dum ne quum*); les explications seraient trop longues et surtout contestables.

334. — **iam** représente *jam* (= *diam* = *dam*), expression de durée, qui, isolée, signifie le moment qui précède ou suit immédiatement l'instant de la parole, *tout à l'heure*, donc *déjà* ou *bientôt*. Il entre comme composant dans *et-iam* pour *et-jam* et *quon-iam* (*quom-jam*, *quom-diam*), cf. *quon-dam*.

335. — **met** termine quelquefois les noms de personnes, *ego-met*, *me-met*, *te-met*, *nos-met*, *se-met*, etc. Il semble répondre à *même*.

336. — **n**, abrégé de *ne*, forme *si-n* pour *si-ne* (*hoc est*), et *qui-n* pour *qui-ne* que... ne; *alioquin* et *cætero-quin*.

337. — **nam** signifie *nommément*. Seul, il sert à rendre ou à demander compte; dans ce dernier cas, il est interrogatif. Virgile a dit :

> *Nam* quis te, juvenum confidentissime, nostras
> Jussit adire domos? (GÉORG. IV, V. 444.)

Suffixe, il n'a que cette dernière valeur : *quis-nam* qui? *quā-nam*, *quō-nam*, *quomodo-nam*, *ubi-nam*, *unde-nam?* — *Nam* devient *e-nim*, et *nem-pe* pour *nem-pte*.

338. — **per**. Préposition, *per* signifie *passage à travers*, et, appliquée au temps, il exprime la *durée* : il conserve cette valeur dans les adverbes où il entre comme suffixe : *paulis-per parum-per* un peu de temps, *aliquantis-per*, *tantis-per*, *quantis-per*, *antis-per* avant; *nu-per*, *nu* = *nov*; *sem-per*, cf. *sem-el*, *sim-plex*, *sim-ul*.

339. — **piam** (*pe* + *iam*, *pe* pour *pte*, *pote*) entre dans *quis-piam* quelqu'un, d'où *quo-piam* (aller) quelque part, *us-piam*, *n-us-piam*, cf. *us-que*, *us-quam*.

340. — **pote**, **pte**, **pse**, **pe**. — *Potis* a signifié le *maître*, *lui-même*, cf. πόσις maître, époux; comme adjectif il signifie *puissant* : *dii potes* rappelle le *terrarum dominos... deos* d'Horace. Le neutre *pote*, qui s'abrége en *pte*, s'ajoute à plusieurs mots auxquels il joint l'idée de *même*, de *propre* : *ut-potè* comme; *suā-pte naturā*, *suō-pte ingenio*, *meā-pte causā*. **pte** se change en **pse** dans *i-pse* d'abord *i-psus*, *eā-pse*, *suā-pse sponte*, *rea-pse* pour *re eā-pse*; *sei qui-ps* (*si quis ipse*), *sirem-ps* semblable. Il s'assimile dans *qui-ppe* car, pour *quī-pte*, et *ipsi-ppe* et *ipsi-pte* (Festus) eux-mêmes; enfin se réduit à *pe* dans *nem-pe* car, pour *nam-pte*, *nam-ppe*.

341. — **quam** (*qua-m*, accusatif singulier féminin? V. **am**) forme *quis-quam* quelqu'un, *quo-quam*, *us-quam*, *n-us-quam*, *un-quam*, *n-un-quam*, *tanquam* pour *tam-quam*, *quan-quam* pour *quam-quam*.

342. — **que** entre comme élément dans *abs-que*, *atque*, *us-que*, *ubi-que*, *quō-que*, *quŏque*, de *quisque* chaque, *quotusquisque*, *plerique* d'où *plerumque*, *quandoque*. V. **cumque** (329).

343. — **s** forme *ab-s*, allongement de *ab*, qui s'abrége en *as* dans *as-porto*; *os* pour *ob-s* dans *os-tendo*; *ci-s*

et *ul-s*=*ci-tra*, *ultrà*; *tran-s* pour *tran*, *tra*; *sus* pour *sub-s* de bas en haut, cf. ὕψος; *di-s* exprimant la *division*, pour *dvis* d'où *bis* par la perte de *d*. Peut-être *u-s* de *usque*, *uspiam*, *usquam*, cf. *u-bi*.

344. — **ta** donne *i-ta*, *i-ta-que*, *aliu-ta* autrement.

345. — **tem** forme *au-tem*, cf. αὖ; *i-tem* pour *id-tem*.

346. — **ti** forme *u-ti* ὅ-τι, cf. *u-bi*; *u-ti-que*; *itidem* (*i-ti-dem*) de même; *identidem* de temps en temps (*idem* + *itidem*).

SECTION SECONDE.

DÉRIVATION PAR LES PRÉFIXES, OU COMPOSITION.

347. — Nous avons jusqu'à présent traité de la formation des mots par l'addition des suffixes aux racines, passé en revue la longue énumération de ceux-ci, et vu le genre de modifications qu'ils ajoutent aux racines. Il nous reste maintenant à voir comment les mots se forment par l'addition des préfixes, autre procédé de dérivation extérieure qui porte le nom de COMPOSITION.

§ I. QU'EST-CE QU'UN MOT COMPOSÉ ?

348. — Il arrive souvent qu'un mot simple, même modifié par un ou plusieurs suffixes, ne suffit pas pour rendre en entier un point de vue de l'esprit, une idée multiple de l'intelligence. Alors deux moyens se présentent pour parvenir à l'expression complète de la pensée : 1° l'emploi de deux mots distincts unis ensemble

d'après les lois de la syntaxe; 2° la réunion de plusieurs mots en un seul, procédé au fond identique au précédent, et qui n'en diffère que par une forme plus concise, plus serrée. La composition est donc en général la concentration d'éléments divers dans le but d'abréger l'expression de la pensée. Ainsi, au lieu de dire, *tempus quum sol stat*, *tempus quum noctes æquant dies*, on dit *solstitium*, *æquinoctium*; au lieu de *habens comam ex auro*, *habens capræ pedes*, *hominis occisor*, *per campos cursio*, on dit *auricomus*, *capripes*, *homicida*, *campicursio*. Quand il n'y aurait pas d'abréviation, il y aurait au moins une manière plus satisfaisante pour l'esprit d'exprimer à la fois, par exemple, une action et son objet ou son mode, *tergiversor*, *opitulor*, pour *tergum verto*, *operam tulo**; *exeo*, *comprimo*, *percurro*, *malesuadus*, etc. Les éléments de la pensée se trouvent ainsi plus rapprochés, plus concentrés; il y a donc profit pour l'intelligence et pour l'imagination.

§ II. DES ÉLÉMENTS D'UN MOT COMPOSÉ. — PRÉFIXES.

349. — 1° Quels que soient le nombre et l'espèce de ses éléments, un composé n'a qu'une terminaison, déclinative ou conjugative, qui appartient à tout le composé et non à un seul de ses éléments.

350. — 2° Puisqu'un mot composé admet des suffixes, il est donc lui-même un dérivé; il y a donc à la fois composition et dérivation. En effet, la composition est la dérivation s'opérant en avant de la racine par l'addition des préfixes, comme la dérivation simple se fait après par l'addition des suffixes. Ainsi un composé est un dérivé préfixé d'un second élément, un seul ne suffisant pas pour rendre la pensée en entier; c'est un dérivé à racine multiple.

351. — 3° En général, il n'entre dans un composé que deux composants, suffixes non compris : *auri-comus, opi-fex, im-pleo*. Mais quelquefois les composés sont eux-mêmes susceptibles d'une nouvelle composition ; ainsi *de-leo, im-pleo, demo* (*de*+*emo*), *com-modus*, deviennent *in-delebilis, ad-impleo, vin-demia, ac-commodo*.

352. — 4° Les éléments d'un composé n'ont pas tous la même importance : parmi eux il y a un mot principal, dominant, modifié, déterminé, et un mot secondaire, subordonné, modifiant, déterminant. Ce dernier, dans un composé bien fait, régulier, précède toujours l'autre. Dans *im-potens, præ-potens, omni-potens, belli-potens, treme-facio, fluxi-pilus*, le mot principal est *potens* modifié par *in* non, *præ* devant, *omnis* tout, *bellum* guerre, qui déterminent la manière dont s'exerce la puissance et l'objet sur lequel elle s'exerce ; de même *treme* et *fluxi* modifient *facio* et *pilus*, faire trembler, ayant les poils coulants.

353. — 5° Les mots déterminants, quelle que soit leur nature, s'appellent *préfixes*. Ce mot, pris dans le sens le plus étendu, désigne les mots de toute espèce placés devant un autre pour le modifier et le déterminer. Les préfixes sont donc de deux sortes, ou des mots *variables*, noms, adjectifs et verbes ; ou des mots *invariables*, prépositions et adverbes, *séparables* quand ils existent à part dans la langue, *inséparables* quand ils n'y existent pas à l'état libre. Tous les préfixes ont une propriété commune, celle de déterminer une racine subséquente, ils se confondent tous sous ce rapport. Mais dans l'usage ordinaire, le mot de *préfixe* se restreint aux mots invariables, plus particulièrement encore aux particules inséparables. Les mots cités plus haut offrent des préfixes de ces trois degrés, variables (nom, adjectif, verbe) *bellum, omnis, fluxus, tremo*; invariables, *præ*,

in; séparable, *præ*; inséparable, *in*. Tous ces mots déterminent le mot principal d'une manière analogue, toute la différence est dans la signification des mots eux-mêmes.

§ III. MANIÈRE D'UNIR LES ÉLÉMENTS D'UN COMPOSÉ. — LETTRES DE LIAISON.

354. — 1° Les composants s'unissent immédiatement quand l'euphonie le permet ou l'exige, comme dans *sol-sequium*, *sol-stitium*, *ju-stitium*, *vin-demia*, *dis-seco*, *puer-pera*. — A. Quelquefois l'élément déterminant subit une mutilation produite par le besoin de la brièveté : *homi-cida*, *sangui-sorba*, *sangui-suga*, *nun-cupo*, *man-tele*, *man-suetus*, *ven-do*, *cor-dolium*, *s-ursum*, etc., pour *homini-cida*, *sanguini-suga*, *nomen-cupo* (*capio*), *manu-tele*, *manui-suetus*, *venum-do*, *cordi-dolium*, *sus-versum*. — B. D'autres fois l'élément initial ou déterminant, syncopé ou non, en contact immédiat avec l'élément principal, assimile sa consonne finale avec celle qui commence celui-ci : *rel-ligio*, *rel-liquiæ*, pour *red-ligio*, *red-liquiæ*; *col-ligo*, *cor-rumpo*, *at-tendo*, *pel-lucidus*, *intel-ligo*, *pel-luvium*, *mal-luvium*, etc., pour *conligo*, *conrumpo*, *adtendo*, *perlucidus*, *interlego*, *pediluvium*, *manuluvium* (443).

355. — 2° Le plus souvent on intercale entre les deux composants une voyelle de liaison dont le but est de rendre le mot plus harmonieux en prévenant un contact désagréable. C'est ce que nous avons vu tant de fois pour les suffixes, ressemblance frappante dans les procédés, mais qui n'a rien d'étonnant, car un simple dérivé est bien lui-même une espèce de composé où les suffixes jouent le rôle de composants; la seule différence, peut-être, c'est que les suffixes, s'ils ont été des mots ayant

une valeur positive et spéciale, ce que l'on peut encore admettre pour quelques-uns, l'ont perdue pour devenir de simples signes, quelquefois assez vagues, de dérivation. — La voyelle de liaison la plus fréquente est **i** : *flamm-i-comus*, *cent-i-manus*, *flor-i-ger*, *agri-peta*, *undi-cola*, *ædi-tuus*. Les savants ne s'accordent pas sur la nature de la voyelle de liaison ; mais cette question est peu importante. — Quelquefois on emploie **e** : *fide-fragus*, *fide-jubeo*, *are-facio*, *male-dico*, *bene-dico*, etc. —Quelquefois **o** et **u** : *vio-curus*, *sacro-sanctus*, *primo-genitus*, *Aheno-barbus*, *sexcento-plagus*, *mero-bibus*, *socio-fraudus* : *arcu-potens*, *Graju-gena*, *Troju-gena*, *aru-spex*, *cornu-peta*, *usu-capio*, *manu-mitto*, *carnu-fex*, *quadru-pes*, etc. — Quelquefois la voyelle reste même devant une voyelle : *quadri-ennis*, *semi-animis*, *semi-ermis*, *uni-animus* ; mais ces cas sont très-rares.

356. — Quelques consonnes paraissent aussi euphoniques dans certains mots : **b** dans *bu-b-ulcus*, *su-b-ulcus* et *bu-bi-cino*. — **c** et **g** dans *ne-c-ubi*, *ne-c-unde*, *si-c-ubi*, *ne-c-opinans*, à moins qu'ils ne soient pour *ne-quā-ubi*, etc. ; *ne-g-ligo*, *ne-g-otium* (*stra-g-es*). — **t** dans *tri-t-avus* ; **d** peut-être dans *pro-d-eo*, *re-d-eo*, *se-d-itio*. On n'est pas certain si dans *prod*, *red*, *sed*, *d* est radical ou ajouté ; mais il paraît y être signe d'ablatif, comme dans *supra-d*, *extra-d*.

§ IV. SENS DES COMPOSÉS.

357. — Les racines n'ont par elles-mêmes qu'une valeur tout à fait abstraite, non susceptible par conséquent de représenter plutôt telle espèce de mots que telle autre, ni l'actif plus que le passif. Si donc d'une racine on fait un nom, un adjectif ou un verbe, c'est l'œuvre du suffixe tout seul. On peut dire en général que le sens d'un

composé résulte du sens combiné de ses éléments; quant au sens accessoire d'activité et de passivité, il dépend soit de la forme même du mot, soit et plus encore de l'usage. Ainsi *integer* et *atteger* ont le sens passif, car ils signifient *non touché* et *touché*, tandis que *attiguus* et *contiguus* sont actifs : *indi-gena*, *alieni-gena* sont passifs.

§ V. CHANGEMENT DE SON DANS LES COMPOSÉS.

358. — Le motif du changement de son dans les composés est de procurer un certain allégement au mot devenu plus long. Si les deux termes du composé sont monosyllabiques, il y a rarement affaiblissement ; cependant *soll-ers*, *in-ers*, de *ars*, et *pau-per* (*pau-ca par-ta habens*) changent *a* en *e*; *as* devient *is*, *sem-is*. *Par* reste sans changement dans ses composés, *im-par*, *dis-par*, etc. Mais si le premier terme est monosyllabe et le second polysyllabe, la voyelle de celui-ci subit les changements suivants :

359. — **ă.** 1° *a* se change en *e* : *lac-io illectus*, *annus perennis*, *carpo decerpo*, *parco comperco*, *sacro obsecro consecro*, *barba imberbis*, *castus incestus*, *pasco compesco*. Ceci n'est pas sans exception, car on trouve *impertior* et *impartior* de *pars*, *refecta* et *refacta*. 2° *a* se change aussi souvent en *i* : *amicus inimicus*, *conficio*, *dejicio*, *remigo*, *illicio*, *displiceo*, *cohibeo*, *percipio*, *attingo*, *compingo*, etc. Les exceptions ne manquent pas : *retraho*, *perago*, *permaneo*, *concavo*, *compatior*, etc. — Devant *l*, *b* et *p*, *a* se change quelquefois en *u* : *insulsus*, *inculco*, *nun-cupo*, *occupo*, *contubernium*.

360. — **ĕ** se change le plus souvent en **ĭ** : *contineo*, *pertinax*, *corrigo*, *diligo*, *eximo*, *assideo*, *indigeo*. — Devant *r*, *e* ne change pas : *resero*, *dissero*, *promereo*, *ingero*, *confero*, *obtero*; non plus dans *illepidus*, *obedo*,

reseco, *abnego*, etc. *Vortex*, *divortium* appartiennent non à *verto*, mais à la forme ancienne *vorto* : *e* se change en *o* dans *extorris* de *terra*.

361. — **æ** se change en **ī** : *requīro*, *exquīsitus*, *existimo*, *collīdo*, *inīquus*, *concīdo*. Cependant on a *adhæreo*, *adæquo*, *coævus*, *pertædeo*, etc. Ce changement est un retour au son primitif (30).

362. — **au** répond souvent à **o** et à **u** : *plaustrum plostrum*, *cautes cotes*, *caurus corus*, *plaudo plodo*, etc. Mais ce changement est dû à une cause autre que la composition, qui y est étrangère (29). Ainsi on trouve *excuso*, *incuso* de *causa*, *defrudo* de *fraus;* mais ici il y a retour à l'*u* primitif.

363. — **o** devient **ĭ** dans *agnĭtus* et *cognĭtus*, *illĭco* pour *in loco?* (ou plutôt *lac-io* lier.)

Il y a encore beaucoup d'autres changements partiels qu'il est impossible de suivre en détail. Ensuite, il s'en faut de beaucoup que tous les changements qui auraient pu et dû se faire par analogie existent en fait : ici, comme en tout, l'usage est le maître souverain. Il existe aussi d'autres changements, tels que celui de *u* en *i* ou en *o* (*culo* colo cultus inquilinus*, *stercus sterquilinium*), qui n'ont rien de commun avec la composition, et dont nous n'avons pas à parler ici.

§ VI. DIVISION DES COMPOSÉS.

364. — L'on compte six classes de composés, les *copulatifs*, les *collectifs*, les *déterminatifs*, les *possessifs*, les *composés de dépendance*, les *composés adverbiaux*. Mais ces classes ont elles-mêmes besoin d'être rangées méthodiquement. Pour y parvenir, il faut distinguer une composition proprement dite et une composition impropre ou simple juxtaposition : ces deux compositions

donnent des produits différents. Les deux premières classes appartiennent à la juxtaposition, les quatre autres à la composition.

A. *Juxtaposés.*

365. — Dans la juxtaposition les mots sont placés à la suite, sans autre lien qu'une simple addition. Les juxtaposés sont de deux sortes :

366.—1° Les *copulatifs* sont ceux dont les deux membres sont dans le rapport direct de l'addition (*et*, +) : *suovitaurilia* (*su* + *ovi* + *taurus*), sacrifices où l'on offrait un porc, une brebis et un taureau; *gerulifigulus* (Plaute), auteur et fauteur de la conduite d'un autre, *qui gerit et fingit ; sacrosanctus* (*sacer et sanctus*); *salmacidus* ou peut-être *sals-acidus*, saumâtre et acide, ἅλμη ou *salsus* + *acidus*. — Quelques noms de peuples qui rappellent leur double origine, *Celt-iberi*, *Gallo-græci*. — Certains noms équivalant à deux, comme *parentes* (pater et mater), *conjuges* (vir et uxor), *liberi* (filii et filiæ), peuvent être regardés comme des copulatifs. — A ces mots, peu nombreux, il faut joindre les numératifs composés de deux termes, et les adjectifs qui en sont formés : *un-decim*, *duo-decim*, *sex-decim*, *du-centi*, *un-decimus*, *duo-decies*, etc. Les noms de dizaines et de centaines, *vi-ginti*, *tri-ginta*, *tre-centi*, sont dans le même cas, puisque le second terme signifie *dix*, *cent* (322).

367. — 2° Les *collectifs* sont des noms, neutres pour la plupart, formés d'un nom ou d'un verbe modifié par un numératif : *bi-vium*, *tri-vium*, *bi-duum*, *tri-ennium*, *quinqu-ennium*, *tri-modium*, *bi-sellium*, *bi-noctium*, *bi-palium*; — *bigæ* et *quadrigæ* pour *bi-jugæ* ou *bi-agæ bi-igæ*. — A cette forme se rattache une forme voi-

sine qui se montre dans *quinquevir*, *sexvir* ou *sēvir*, *centumvir*, *decemvir*, etc. Dans *duumvir* et *triumvir*, *duum* et *trium* sont au génitif; ces mots signifient un homme des deux ou des trois hommes.

B. *Composés.*

368. — Dans le langage, comme dans la nature, le rapport d'un être aux qualités qui le constituent est celui de l'*identité*. En effet, les êtres ne sont, pour ainsi dire, que des collections de propriétés, des faisceaux d'attribut, comme une maladie est un assemblage de symptômes : quand je dis *papier blanc*, *feuille verte*, en énonçant *blanc* et *verte*, je ne fais que signaler une des nombreuses propriétés qui constituent le papier et la feuille. Il y a donc identité partielle entre un être et une ou plusieurs de ses propriétés, comme il y a identité complète et absolue entre l'être et la totalité de ses qualités, car un être n'est et ne peut être que la somme de tous ses attributs. De même entre deux êtres distincts il existe un rapport de *diversité*. Tel est le double principe nécessaire de la syntaxe dans toutes les langues, l'identité et la diversité, qui se manifestent par l'*accord* ou *concordance* et la *dépendance*.

369. — Un mot composé n'étant qu'un procédé abrégé de syntaxe (348), ou, en d'autres mots, renfermant les deux termes d'un rapport d'identité ou de diversité, il doit y avoir des *composés d'accord* et des *composés de dépendance*, et il ne peut y en avoir d'autres.

Pour plus de clarté, nous suivrons la composition dans les noms et adjectifs, les verbes et les adverbes.

NOMS ET ADJECTIFS.

370. — I. *Composés d'accord* ou *déterminatifs*. Cette

dernière dénomination paraît impropre, puisqu'elle convient également aux deux espèces de composés, d'accord et de dépendance, un des membres déterminant toujours l'autre. — Les composés déterminatifs ou d'accord sont ceux entre les termes desquels il existe un rapport direct d'identité, tel que celui d'un nom à l'adjectif qui le détermine, ou d'un nom à un autre nom apposé. Le premier terme peut être un adjectif, une préposition ou un adverbe. 1° La forme la plus ordinaire se compose d'un adjectif et d'un nom ou un adjectif : *privi-legium*, *lati-fundium*, terre de grande étendue; *angi-portus* rue étroite; *cav-ædium* cour intérieure, *vivi-radix* plante vivace, *primipilus*, *plenilunium*, *novilunium*, *æquinoctium*, *primogenitus*; *meridies* (*mésidies*, Varron) midi, *medius dies*. Une composition vicieuse est *equiferus* (Pline) cheval sauvage, pour *ferequus*; à moins de l'expliquer, un animal sauvage qui est un cheval. — Il y a des composés doubles, comme *per-enni-servus*, *tri-secli-senex*. — 2° Préposition et nom ou adjectif. Tels sont : *de-decus* déshonneur, *conservus* compagnon d'esclavage, *interrex*, *interlunium*, *antecanis* : *præ-dulcis*, *per-utilis*, *con-similis*, *post-genitus*. Dans les noms de parenté *ab* indique le degré supérieur, puis vient *pro*, puis *tri*; *ab-avus*, *ab-avunculus*, *ab-patruus*, *ab-nepos*, *abneptis*; *proavus pronepos proavia proamita*. — 3° Adverbe et nom ou adjectif : *semianimus*, *semideus*, *sesquilibra*; *graveolens*, *maleficus*, *malignus*, *benevolus*; *tergeminus*, *terveneficus*, *triparcus*, *trifurcifer*, *tricorpor*, *tri-t-avus*, *trinepos*.

371. — II. *Composés de dépendance*. — Le premier membre, nom ou adjectif, est relativement au second dans un rapport de dépendance, de complément, de cas oblique. — 1° Accusatif : *parti-ceps* = *partem capiens*;

homicida = *qui hominem cecidit*; *lari-fuga*, *ju-dex*, *legi-rupa*, *opi-fex*, *armi-ger*, *horri-ficus*, *fic-edula*, *nuci-frangibulum*, *puer-pera*, *sacri-legus*, *sangui-sorba*, *ovi-parus*, *monti-cola*, *nau-fragus*, *sol-sequium*, *igni-comus*, *carni-vorus*, *ædi-tuus*, *vin-demia*, *domi-porta*, *pedi-luvium*, etc. — 2° Génitif : *legis-lator*, *senatus-consultum*, *juris-peritus*, *juris-consultus*, *cor-dolium*, *sol-stitium*, *ju-stitium*, *aquæ-ductus*, *auri-faber*, *opi-cerda*, *manu-pretium* : *Luci-por*, *Marci-por*, esclave de Lucius. *Pater-familias* n'est pas un composé; on pourrait peut-être en dire autant de ceux dont le premier terme est un génitif complet, *legis lator*, *aquæ ductus*, etc. — 3° Datif : *mani-festus* pp. attaché à la main, manifeste; *man-suetus* pour *manui suetus*; *man-tele* vaut *man(ibus tergendis) tela*. — 4° Ablatif : *tibī-cen* pour *tibii-cen*, *liti-cen*, *fidi-cen*, *tibiâ lituo fidibus canens*; *manu-tigium*; *manu-mitto* serait plutôt un juxtaposé, ainsi que *acupingo*; *man-ceps*, *man-cipium*; *stelli-micans*, *melli-fluus*, *men-ceps* (Priscien) *mente captus*; *fun-ambulus*, *belli-potens*, *noctu-vigilus* (Plaute). — 5° Cas précédés de prépositions : *campi-cursio* équivaut à *per campos cursio*; *ligni-pedium* = *pes è ligno*; *herbi-gradus* = *in herba gradiens*.

372. — On admet une autre sorte de composés de dépendance où le second terme dépend du premier qui est une préposition; ces mots offrent donc la réunion d'une préposition avec ce qu'on appelle son complément. De ce nombre sont : *ante-canis* l'avant-chien, étoile; *pro-avus*, *pro-consul*, *inter-vallum*, *interlunium*, *inter-columnium*, espace entre les retranchements, deux lunes, deux colonnes; *pro-sper* conforme aux espérances, *inter-cus*, *in-sula* (*in salo*), *se-curus*, *sin-cerus*, *ex-animis*, *ex-sanguis*, *a-mens*, *de-mens*, *ex-torris*, *ex-sul* (*ex solo ejectus*), *præ-gnans*. Mais il paraît difficile de

faire une classe à part de ces mots, qui reviennent, les noms au n° 370, 2°, les adjectifs aux composés possessifs, 373, 5°.

373. — III. *Composés possessifs.* — Leur nature est adjective comme celle des mots dits pronoms possessifs (*meus, tuus, suus, noster, vester*), qui indiquent le possesseur par les notions de personnes, de genre et de nombre. Les composés possessifs dont il s'agit présentent la réunion d'un nom avec un autre mot déterminatif, formant ensemble un adjectif qui exprime la possession de la qualité indiquée. — Le premier terme est :

1° Un nom : *capri-pes* = *capræ pedes habens; ali-pes* ayant des pieds-ailes, c'est-à-dire pourvus d'ailes; *soni-pes* ayant des pieds-son, produisant du son; *lauri-comus, pudori-color, angui-manus*, qui a un serpent pour main, épithète de l'éléphant.

2° Un adjectif : *magn-animus* (*magnum animum habens*); *albi-comus, albam comam habens; atri-capillus, fissi-pes, un-oculus, tardi-gradus, dulci-sonus, long-ævus, prim-ævus, longi-manus.*

3° Un participe : *flex-animus, flexi-loquus*, ayant l'esprit, le langage flexible; *versi-pellis, versi-color*, ayant la peau, la couleur changeante; *fluxi-pila* (*vestis habit*) ayant le poil coulant, tombant.

4° Un numératif : *bi-ennis, bi-dens, bi-pennis, bi-linguis*, ayant deux ans, deux dents, deux ailes, parlant deux langues; *bi-frons, tri-dens, quadrupes*, ayant deux fronts, trois dents, quatre pieds; *sex-angulus, tri-angulus, tri-remis; tri-folium, quinque-folium*, plante qui a trois, cinq feuilles.

5° Un adverbe ou une préposition : *semi-animis, semi-nex, sesqui-mensis : con-color, dis-color, de-color, e-linguis, ex-sanguis, e-normis, in-ops, cōps* (Plaute *co-ops*), *com-modus, per-ennis, ex-torris*, etc. —

Comme on le voit, cette dernière classe rentre dans les précédentes; au reste voyez la note G.

VERBES.

374. — I. *Verbes composés déterminatifs.* — Dans les verbes la détermination se fait par les mots invariables (prépositions, adverbes et particules) : *bene-facio, male-dico, intro-eo, retro-cedo, sat-ago, æqui-valeo, re-duco, se-paro, se-grego, dis-cutio.* — *Ab-eo, adduco, contineo, depello, erudio, insinuo, propono, subsequor, impedio, compedio, expedio, præpedio.*

375. — II. *Verbes composés de dépendance.* — Ces verbes sont analogues aux noms et adjectifs de même dénomination. Le premier est au second dans le rapport de complément direct ou indirect, ou de cas oblique. — 1° Accusatif : *opi-tulor* = opem tulo*; *tergi-versor* = tergum verto; *credo* = certum do. — Ici se rapporte la nombreuse famille des verbes composés de *facio* et de *ago* : *lucri-facio* lucrum facio, *nauci-facio, flocci-, pave-, treme-, labe-, lique-, made-facio* : *puri-fico, signi-, ædi-, læti-fico* : *nav-igo, lit-igo, mit-igo, pur-go. Nun-cupo* (*nomen capio*) employer, donner un nom; *mori-gero, belli-gero* : *pessum-do* mettre aux pieds, de *ped* marcher, fouler; *venum-do, ven-do* mettre en vente, *venum*; *ven-eo* être (aller) en vente. — 2° Datif : *fidei-committo*; *fide-jubeo* cautionner; *man-suesco* (*manui-suesco*). — 3° Ablatif : *acu-pingo* broder, peindre à l'aiguille; *manu-mitto, usu-capio, usu-rpo* = *usura-pio; viti-litigo* = *vitio-litigo; tali-pedo*=*talis pedo*, marcher sur les talons, n'être pas ferme sur ses pieds.

ADVERBES.

Il n'est pas ici question des adverbes de qualité dérivés des adjectifs, mais de mots appartenant à la classe des particules.

376. — I. *Adverbes déterminatifs.* — Des prépositions, des adverbes et des particules se réunissent pour une plus exacte détermination, et forment des adverbes composés. Tels sont : *de-super*, *in-super*, *de-in-super* (Salluste), *de-indè*, *exinde*, *subinde*, *proinde*, *deforis*, *deforas; n-unquam*, *n-usquam*, etc. — Des composés de *ubi; ubi-ubi*, *alicubi*, *sicubi*, pour *ali-c-ubi*, *si-c-ubi*, avec *c* euphonique. — Les composés de *secus* (324).

377. — II. *Adverbes de dépendance.* — Ces adverbes se composent d'une préposition suivie d'un nom ou d'un adjectif : *ad-modum*, *prope-modum* et *prope-modo*, *præ-modum; co-minus* et *e-minus; inter-diu*, *af-fatim*, *ad-amussim*, *ex-amussim*, *in-cassum*, *in-vicem*, *ad-versum*, *ex-ad-versum*, *im-proviso*, *nec-opinato*. — *Inter-ea*, *præter-ea*, *ant-ea*, *post-ea*, *post-illa*, *post-hac*, *qua-propter*, *hac-tenus*, *qua-tenus*.

378. — Observation. Telle est la division usitée des composés, division qui n'est pas sans défaut, puisqu'elle laisse flotter certains mots entre plusieurs classes, et admet des classes dont la réalité est fort contestable. Ces défauts tiennent à l'état actuel, encore très-imparfait, de la théorie de la composition, qui est loin de satisfaire à toutes les exigences de l'esprit.

§ VII. COMPOSÉS DE PRÉFIXES INVARIABLES.

379. — Quoique ces composés ne fassent pas une classe distincte, cependant ils sont si nombreux et ont par conséquent tant d'importance relative, qu'il est utile d'en traiter séparément. Les préfixes invariables se divisent en *séparables* (prépositions et adverbes) et *inséparables;* ils ne diffèrent entre eux que par cette qualité

due tout entière à l'usage, et non à quelque chose d'essentiel à leur nature. Ces derniers, en effet, privés par l'usage de toute existence individuelle, ont besoin d'un soutien et s'appuient sur le mot suivant qu'ils modifient. — Quelques-uns peuvent être considérés comme des variantes euphoniques d'autres préfixes.

I. *Composés de préfixes inséparables.*

380. — Les préfixes inséparables de la langue latine sont : *ambi*, *co* ou *con*, *dis*, *in*, *ne*, *pot*, *red*, *sed*, *sus*, *ve*.

381. — **ambi** (ἀμφί), **amb, am, an**, signifie *autour : amb-co*, *amb-itio*, *amb-ustus*, *amb-urbium*, *amb-arvalia*. — *amb* devient *am* devant *p : am-plector*, *am-plus*, **ple** emplir; *am-pulla*, *am-puto* et *am-icio* (*am* + *jacio*). — *amb* devient *an* dans *an-quiro* et *an-fractus*. — Il ne faut pas confondre notre préfixe avec *ambi* venant de *ambo* tous deux, et qui signifie *double*, *deux*, *des deux côtés : ambi-dens*, *ambi-dexter*, *ambi-manus*, *amb-igo*, *amb-iguus*, *ambi-gena*. — *An-ceps* pour *ambi-ceps*, *an-cile* pour *ambi-cid-le*.

382. — **co** (goth *ga*, all. *ge*), nasalé **con**, analogue à la préposition *cu-m* qui en vient : marque *jonction*, *réunion*. *Co* devant les voyelles : *co-ævus*, *co-æquus*, *co-addo*, *cōgo* pour *co-ago*, etc. — *Con* devant *c*, *d*, *t*, *q*, *v*, *f*, et *com* devant *m*, *b*, *p*, et dans *com-edo*. — *Con* s'assimile devant *l* et *r*, *col-ligo*, *cor-ripio*.

383. — **dis** (pour *dvis* d'où *bis* par la perte de *d*), exprime *division*, *séparation*, *divergence*, *différence : dis-curro* courir çà et là, *dis-cerno*, *dis-puto*, *dis-silio*, *dis-sonus*, *dis-cordia*. — *Dis* s'abrége en *di* dans *di-duco*, *di-labor*, *di-vido*, etc. — *Dis* change *s* en *r* dans *dir-imo* et *dir-hibeo* (*dis* + *emo*, *dis* + *habeo*).

384. — **in** (ἀν, ἄν-ευ, all. *un*, *ohn*, angl. *an*), dif-

férent de la préposition, exprime la *négation*, la *privation*, l'*absence* de la qualité indiquée : il devient *im* devant *m*, *b*, *p*, et s'assimile devant *r* et *l* : *in-æqualis*, *in-honestus*, *in-certus*, *im-pius*, *ir-repertus*, *il-lepidus*. *In* se réduit à *i* devant *gn* : *i-gnoro*, *i-gnarus*, *i-gnosco*.

385. — **ne**, d'abord *nei*, d'où *ne* et *ni*, équivalent du précédent, mais beaucoup moins usité : *ne-scius* impie, *ne-fas* non permis, *ne-fastus* et *ne-farius* pour *nefasius* dont on ne doit pas parler (453) ; *ne-que*, *nec*, *ne-scio*, *ne-queo*, *ne-uter*, *ne-utiquam*, *n-ullus*, *n-unquam* : *n-ēmo* pour *ne-hemo*, *n-ōlo* pour *ne-volo*, *ni-hil*, *ni-si* : *nego* pour *ne-ago*, *ajo* pour *agio* parler, d'où *ad-agium*. — Avec *c* euphonique il forme *ne-c-ubi*, *ne-c-unde*, *ne-c-opinans*.

386. — **pot** (dor. ποτί pour προτί = πρὸς) signifie *addition*, et se trouve assimilé dans *pol-liceor* pour *pot* + *laceor*, se lier, s'obliger à, promettre, cf. *lacio*, *laqueus*; *pos-sideo* posséder, pp. être assis auprès (cf. all. *be-sitzen*); *pol-luo* souiller, salir, cf. *lu-tum*; *pol-lingo*, dont la raison n'est pas dans le latin ; *pol-leo* = *pot-valeo*. — L'existence de *pot* est contestable, et l'on peut rapporter les mots cités à *por* = *pro*. *Pot* serait devenu *a-put*, *a-pud*.

387. — **rĕd, rĕ, r.** Dans *red d* est-il primitif et radical? Cela est probable, comme l'indiquent *red-do*, *ret-tuli*, *rep-peri*, *rel-ligio*, *rel-liquiæ*, *redi-vivus*, *red-ux*, etc. Quoiqu'il en soit, *red* se met devant les voyelles et devant *h*, *re* devant les consonnes. — *Red* ou *re* exprime 1° *mouvement rétrograde*, *retour*, d'où 2° *réitération* : *red-eo*, *re-duco*, *re-fluo*, *re-gredior*. De cette double signification naissent toutes les autres ; 3° *retour*, *réciprocité* ; — *red-amo*, *red-hostio*, *re-pasco*, *red-do*. — 4° Le *contraire*, l'*opposition* : — *re-bellis*, *re-pello*, *re-sero*, *re-cludo*, *re-signo*. — 5° Les deux

choses opposées, *re-ligo* lier une deuxième fois, délier; *re-nodo* renouer, dénouer. — 6° *renvoi, émission, répulsion, éloignement, séparation, dissolution*, etc.; *reseco, relucco redoleo, remaneo* rester en arrière, *resolvo, resono, resplendeo, refulgeo, resulto*. — 7° *courbure : re-simus, re-pandus, re-curvus, red-uncus*. — *re* réduit à sa plus simple expression compose *r-ursum* et *r-ursus* (*red-versum*).

388. — **sĕd, sē, sō, s** : exprime la *séparation*, la *privation*. La forme probablement primitive s'est conservée dans le seul mot *sed-itio* retraite (du peuple sur l'Aventin). — *Se-duco* conduire à l'écart, *se-pono, separo, se-ligo : segnis* (se igne) nonchalant; *se-cors, socors* sans cœur; *so-brius* pp. sans boisson, *e-brius* hors de boisson, ivre; *so-lvo* pour *so-luo* délier. — *S-ur-dus* (*se-aur-ibus*), *s-purcus, s-purius*, cf. *purus*.

389. — **sus** pour *sub-s*, par dessous en élevant, signifie *en haut*. Il forme *sursum* pour *subs-versum* : *susum* est ou une abréviation de *sursum*, ou une seconde forme de *sus*, comme on a dit *perum* et *sedum* avant *per* et *sed*; — *sus-cipio* prendre par dessous, élever; *sus-cito* mouvoir de bas en haut, faire lever; *sus-pendo, sus-tineo, su-spicio* pour *sus-spicio* regarder en haut; *su-spiro*.

390. — **ve** : ce préfixe est tantôt privatif, tantôt augmentatif, mais avec une idée accessoire de *mal*, de *méchanceté*, de *violence*, cf. *væ* malheur! *ve-dius* mauvais dieu, Pluton; *ve-jovis* la divinité malfaisante; *ve-cors* qui a un mauvais cœur, une âme basse, *ve-cordia; ve-sanus* insensé; *ve-grandis* fort grand et mal fait; *ve-mens* et *vehe-mens* violent, impétueux, cf. *ahala* pour *ala*, *aheneus* pour *aeneus*, *h* intercalé : peut-être *ve-stibulum* cf. *stabulum*, et *ve-stigium*, στείχω.

Les numératifs *du, bis, bi, tri, quadri, semi, ses-*

qui, etc., peuvent être considérés comme des préfixes inséparables.

II. *Composés formés d'un préfixe séparable.*

391. — Les préfixes à la fois invariables et séparables sont quelques-unes des prépositions usuelles et quelques adverbes.

392. — **ab** signifie en composition *départ, éloignement, séparation* : *ab* reste devant les voyelles et la plupart des consonnes, *ab-eo, ab-dūco*, etc. — *Ab* devient *ā* devant *v* et *m*, *ā-verto, ā-mitto*, et même *ă* dans *ă-perio*, cf. *ŏ-perio*. — *Ab* s'allonge en *abs* devant *c* et *t* : *abs-condo, abs-tineo*, et dans *abs-que*. *Abs* s'abrége en *as* devant *p*; *as-pello, as-porto*. — Enfin *ab* se change en *au* devant *f*, *au-fero, au-fugio*.

393. — **ad**, signifie 1° *contact;* 2° *tendance vers le contact;* 3° *addition*. *Ad* reste devant les voyelles et *b, d, j, m, h, s*, et s'assimile aux autres consonnes. *Ad-sum* être auprès; *ad-eo* aller vers, *ad-duco* amener; *af-fero, ag-gero, ac-cumbo, arripio, assideo, attendo*. — *Ad* se réduit à *a* devant les groupes *sc, sp, st* : *a-scendo, a-spiro, a-stringo* : — mais l'assimilation n'est jamais obligée, non plus que cette abréviation. — *Ad* a été *ar* à une certaine époque; de là *ar-cesso, ar-biter*, etc. — *Ad* devient *ads* dans *ads-cio, ads-ci-sco*, faire venir auprès de soi, **ci**-o; cf. *ar-cesso* (292) : ou bien *ads* = *ad-se*?

394. — **ante** signifie la *position devant*, et rapportée au temps, *antériorité* : *ante-curro* courir devant. — *Ante* devient *anti* dans *anti-cipo* et *anti-stes*.

395. — **circum** signifie *autour, çà et là* : *circumsepio* entourer d'une haie; *um* s'abrége devant les voyelles, *circŭm-ago, circŭm-eo* et *circŭ-eo, circŭ-itus*.

396. — **de** signifie 1° *mouvement du haut en bas*,

d'où *entièrement;* 2° *séparation, soustraction, perte; de-jicio* jeter à bas, *de-fluo, de-curro,* couler, courir d'un lieu élevé : *de-albo* blanchir entièrement : — *de-beo* (*de-habeo*) avoir en moins, devoir; *de-spero* désespérer. Cette valeur soustractive paraît dans *duo-de-viginti* vingt moins deux, dix-huit. — *Dēgo, dēmo, dēbeo, dēbilis,* pour *de-ăgo de-ĕmo de-hăbeo dehăbilis.*

397. — **ex** abrégé **e**, signifie 1° *sortie,* d'où *privation;* 2° *excès;* 3° *totalité, plénitude, achèvement. Ex* reste devant les voyelles et les consonnes fortes *p, c, q, t, s;* s'assimile à *f,* et devient *e* partout ailleurs. — *Ex-eo, excedo,* sortir; — *ex-animis, ex-cors, ex-sanguis,* privé de vie, de cœur, de sang : *e-disco, e-doceo,* apprendre ou enseigner complètement : — *ex-aggero,* entasser excessivement.

398. — **in** marque *intériorité; situation dans l'intérieur, tendance vers l'intérieur* ou simplement *vers.* **in** devient **im** devant *m, b, p,* et s'assimile à *r* et à *l.* — *Im-pedio* enlacer, *in-carcero* emprisonner, *in-cludo* enfermer; *ir-rumpo* se précipiter dedans en brisant les obstacles, *in-curro* courir dans ou contre. — **in** signifiant *position supérieure, sur,* est-il le même que *in* dans? C'est fort douteux. Peut-être est-il l'équivalent de ἀνά : *in-cumbo, im-pono.*

399. — **inter** (*in* + *ter*), forme relative de *in,* marque l'*intervalle, la position entre : inter-cedo* arriver entre deux; *inter-cido, inter-rumpo,* séparer en coupant, en rompant; *inter-cipio* prendre au milieu d'un espace intermédiaire. — *Inter* signifie *entièrement,* c'est-à-dire désigne tout l'espace parcouru, dans *inter-eo* périr, *inter-necio* massacre complet. — *Inter* s'assimile dans *intel-ligo* (choisir parmi) comprendre.

400. — **ob** *autour* et *par-devant :* s'assimile à *c, g, f, p. Ob-struo* fermer en bâtissant devant, *ob-sto* être

debout devant; *ob-ambulo* marcher autour; *of-fendo* heurter un objet placé devant. — *Ob* devient *os* pour *obs* dans *os-tendo*, tendre en avant, montrer; s'abrége en *ŏ* dans *ŏ-perio* mettre devant, couvrir; *ŏ-mitto; ŏ-portet*, étymologie incertaine.

401. — **per** marque *passage à travers, dans toute l'étendue*, d'où *totalité : per-agro* aller à travers champs, *per-curro* parcourir : *per-similis* tout à fait semblable; *per-ago* achever, *per-acutus* très-aigu. — *Per* s'assimile dans *pel-lucco pel-lucidus* transparent, *pel-licio*, *pellex*, *pel-luo*.

402. — **post**, *après, derrière*; d'où *moins : — post-pono* placer après, *post-habeo* estimer moins.

403. — **præ**, *devant, avant; à l'avance : — præ-cedo* marcher devant, *præ-dico* dire à l'avance, *præ-cox* précoce, mûr avant le temps. — Avec un adjectif il signifie ordinairement la *supériorité* de la qualité : *præ-acutus* très-aigu, *præ-altus* plus haut que les autres. — V. **pro**.

404. — **præter** (*præ* + *ter*) est la forme relative de *præ* comme *in-ter* est celle de *in;* il signifie donc le mouvement pour se porter au delà en passant devant : *præter-eo* passer outre; *præter-fluo* couler le long au delà.

405. — **pro**, *devant, en avant; à la place de : — pro-cedo, pro-curro, pro-do*, marcher, courir, mettre en avant. — *pro-consul, pro-quæstor, pro-rex*, consul, questeur à la place d'un autre, vice-consul, vice-roi. — **por**, ancienne forme (cf. all. *vor, für*) se trouve dans *por-tendo, por-rigo* tendre en avant, et peut-être aussi les mots que nous avons attribués plus haut à **pot** (386). — *pro* est *prōd* devant les voyelles, que *d* soit radical ou euphonique : *prod-eo, prod-igo, prod-esse*.

406. — **sine**, *sans*, forme *sin-cerus* sans (cire)

fard; et probablement *sim-plus* et *sim-plex* sans pli, simple.

407. — **sub**, *sous*, signifie *position inférieure; diminution : sub-Alpinus* situé au pied des Alpes; *subcutaneus* sous la peau; *sub-duco* tirer par dessous, tout doucement; *sub-mitto* soumettre. — *Sub-acidus* un peu acide; *sub-dubito* douter un peu. — *Sub* s'assimile à *c*, *g*, *f*, *p*. — V. **sus**, 389.

408. — **subter** (*sub* + *ter*) forme relative de *sub*. *Subter-duco*, *subter-fluo*, *subter-fugio*, tirer, couler, fuir par-dessous.

409. — **super**, sur, par-dessus; *position supérieure*, *addition* : — *super-addo* ajouter par-dessus, *super-emineo* s'élever au-dessus; *super-fluus* coulant par dessus.

410. — **trans** (**tra**, nasalé **tran**, **tran-s**, — V. **s**, 343) à travers, au-delà : — *tra-do* transmettre, *tra-duco* transporter, *tra-no* : — *tran-scendo* monter au delà, *tran-scribo* transcrire : — *trans-curro transgredior* dépasser en courant, en marchant; *trans-fundo* transvaser.

---

411. — **contra**, **contro**, contre, vis-à-vis, à l'opposite : *contra-dico* contredire; *contra-pono* opposer; *contravenio* aller au-devant; *contro-versus* opposé; *controversia* dispute.

412. — **intro**, dedans : *intro-eo* aller dans, *introduco* conduire dedans, *intro-spicio*, *introrepo*, *introfero*, *intromitto*.

413. — **retro**, en arrière : *retro-ago* pousser en arrière; *retrocedo*, *retroco*, *retrofero*, *retrogradior*, etc. V. **ter** (157).

6.

414. — **bene**, bien : *bene-facio bene-dico*, faire, dire du bien ; *bene-volus* bienveillant ; *beni-gnus* porté à faire du bien, **gen.**

415. — **male**, mal ; *male-facio male-dico*, faire, dire du mal ; *male-fidus*, *male-volus*, *male-suadus*, *mali-gnus*.

TROISIÈME PARTIE.

DES CHANGEMENTS QUE SUBISSENT LES MOTS.

---

416. — Toutes les formations que nous avons vues jusqu'ici sont régulières. Elles consistent dans l'addition des affixes à une racine donnée, opération pour ainsi dire mécanique et qui a pour résultat nécessaire un mot dont le sens total se compose du sens de la racine plus celui des parties accessoires qui sont venues s'y joindre. Mais tout dans les langues ne se fait pas toujours avec cette précision et cette régularité mathématique. Tantôt la seule réunion de tant d'éléments divers, tantôt le besoin d'abréger l'expression de la pensée qui porte l'homme à rapprocher, à concentrer les signes exigés par l'intelligence pour cette expression, amènent des formes heurtées et des combinaisons trop dures qu'il faut adoucir, d'où résultent des suppressions et des contractions de toute sorte; tantôt ce même besoin d'euphonie fait intercaler soit des voyelles entre les consonnes, soit des consonnes entre les voyelles, ou ajouter des syllabes aux commencement des mots, pour varier les formes, les préciser, les rendre plus harmonieuses, le tout pour le plus grand plaisir de l'oreille. Nous examinerons donc les modifications que reçoivent les mots : 1° par addition ; 2° par retranchement ; 3° par assimilation ; 4° par dissimilation ; 5° par transposition ; 6° par la permutation des consonnes et des voyelles. Mais plusieurs de ces questions étant susceptibles de développements très-étendus, nous nous bornerons aux détails nécessaires pour l'intelligence du sujet et pour mettre le lecteur sur la voie.

ARTICLE PREMIER.

Addition (*prosthèse*).

417. — Il ne s'agit ici que d'additions insignifiantes, et non de celles qui changent le sens des mots. Cependant, il faut le reconnaître, ces additions sont devenues parties intégrantes des mots, et ne peuvent en être détachées sans détruire le mot tel que l'ont fait le temps et l'usage. — L'addition est initiale, médiale ou finale.

§ Ier. *Addition initiale* (prosthèse).

418. — Les additions initiales sont des voyelles, des consonnes, des redoublements, des géminations.

A. *Voyelles ajoutées.* — **a**. Exemples : *a-strum*, **s-ter** briller, d'où *stel-la* pour *ster-ula* (cf. persan *star sitarch*, d'où *Esther*, V. Gesenius, angl. *star*, all. *ster-n*); *e-quidem*, *e-nos* pour *nos*, *a-pud* v. l. *aput*, πότι; *e-nim nam*; *a-nas* canard, *nato* nager; *E-trusci* et *Tusci*, etc. **a** serait encore préfixé dans *a-ger* et *acerbus*, si la racine est **ger**, **cer** creuser, déchirer. — Bon nombre de mots présentent une voyelle initiale préfixée par suite d'une transposition (450).

419. — B. *Consonnes.* — 1° **s**. Comme toutes les langues ses congénères, le latin offre un grand nombre de mots préfixés de **s** : *s-cribo*, *s-crobs*, *s-crofa*, cf. γράφω; all. *graben*; *s-calpo*, *s-culpo*, cf. *glabo glubo*; *s-tercus* (σ-τέργανος κόπρος, Hésych., de τέργω *tergo*) cf. all. *Dreck*; *s-corpius*, arabe *a-grab*; *s-maragdus*, cf. *margarita* μάργαρον; *s-cyphus*, cf. *cupa*, κύπελλον, κύβη, etc.; *s-cirpus* pour *scripus* γρῖπος; *s-cranciæ* = *cracentes*; *s-cruta* γρύτη; *s-crotum* et *s-cortum* γώρυτος. Dans *s-purcus* et *s-purius* *s* paraît privatif (*se-purus*).

420. — 2° **st** : une addition extraordinaire est celle de *st* qui s'est faite dans quelques mots cités par Quintilien : *st-latus*, *st-lentus*, *st-lembūs*, *st-lis*, *st-locus*; *st-loppus* et *st-rideo* restés.

421. — C. *Redoublement*; dans les noms et adjectifs : *cu-curbita*, cf. *curvus*; *cu-cumis*, *cu-cullus*, *ci-cuta*, *pŏ-pulus* peuple, *ci-conia* et *conia*; *po-ples* jarret, **pl** plier; *su-surrus* σύρω, *pe-plum*, cf. *palla*; *ci-cindela* cf. *candela*, *candeo*; *me-mbrum* p. *me-merum* μέρος : — *me-mor*; *je-junus*, étymologie incertaine. — Le redoublement au présent des verbes ne se trouve peut-être que dans *gi-gno*, *geno** Lucrèce; *si-sto*, *ti-tillo*, cf. τίλλω, et peut-être *titubo*, fort incertain, et *bibo*, à moins que *bi* ne soit radical, πί-νω, auquel cas *b* suivant serait euphonique (digamma). Dans le principe tous les verbes latins avaient au parfait un redoublement qui n'est resté que dans quelques-uns, *pe-puli*, *me-mini*, etc.

422. — D. Gémination ou répétition de la syllabe radicale entière, comme dans *mar-mor*, *mur-mur*, *tur-tur*, *far-far*, *fur-fur*, *bar-barus*, *cin-cinnus*; *tin-tinnio*, *ul-ulo*; peut-être *per-perus*, *ver-ber*, *car-cer*, etc. — Le redoublement simple paraît n'être qu'une gémination incomplète, *cin-cinnus*, κί-κιννος, cf. κιν-έω.

§ II. *Addition intérieure* (épenthèse).

423. — Les additions intérieures sont : 1° l'aspiration (**h**) dans *me-h-e* pour *me*, mais non dans *mi-hi* (pour *mi-bhi mi-bi*, comme *ti-bi*, *si-bi*); dans *A-h-ala* pour *Ala*, surnom des Servilius; dans *a-h-enus* pour *œnus* remplacé par *œneus*, d'où le surnom des Domitius, *Ahenobarbus* ou *Ænobarbus*. *Co-h-ortis* est-il le même que *chortis* ou *cortis*? *Vehemens*, qui se dit aussi *vemens*, est incertain (*ve* + *mens* ou *vehe* + *mens*).

424. — 2° Les labiales **b**, **p**, **v**. On n'est point d'accord sur l'étymologie de *membrum*, qui peut être pour *me-merum* μέρος, avec *b* intercalé, comme β dans μεσημβρινον pour μεσημέρινον. Si *imber* et ses analogues *imbrex* et *umbrex* ne viennent pas de **mar mer** couler cf. μύρω, ἀμαρὰ, *mare*) avec *b* intercalé, il faut sortir du latin pour en avoir l'étymologie : *umbra* est dans le même cas. Nous avons déjà dit que dans les suffixes *ber brum*, *bundus*, *bilis*, **b** est probablement euphonique. — **p** est amené par la prononciation dans *tem-p-lum* et *exem-p-lum* (**tem** séparer, cf. τέμενος, **em** tirer). De même dans *emptum*, *demptum*, *sumpsi*, etc. — Quant à **v**, voyez note E.

425. — 3° **c** est intercalaire dans *ne-c-ubi*, *si-c-ubi*, *ali-c-ubi*, à moins que ces mots ne soient pour *ne-quâ ubi*, *si-quâ ubi*, *ali-quâ ubi*; — dans les adjectifs en *c-undus* (111). Il paraît aussi être ajouté dans les suffixes *cer* et *crum*. Dans *specus*, *c* est le digamma renforcé, σπέϜος.

426. — 4° **n** et **m**. La plus importante des épenthèses est celle de **n** et **m** ou *nasalation*. Dans la parole, le son de la voix passe ou tout entier par la bouche, alors il est *oral;* ou en partie par le nez où il se modifie, alors il est *nasal*. Cette nasalité est indiquée par **n** (**m** devant les labiales *m*, *b*, *p*), qui n'en est qu'un signe vicieux. Le grec a trois nasales, ν pour les dentales, μ pour les labiales et γ pour les gutturales. Le latin n'a que les deux premières, *n* et *m* ; quant à **n** employé devant les gutturales, on peut lui supposer une valeur gutturale. Quoiqu'il en soit, Priscien, I, 7, citant Varron, affirme que par euphonie les anciens auteurs latins écrivaient *aggulus*, *aggens*, *agguilla*, *agceps*, *agcora*, etc., pour *angulus*, *angens*.

La nasalation se montre dans toutes les espèces de mots. *Ventus*, comme βένθος et πένθος de βάθος et πάθος ;

pontus cf. πό-τος, *unda* cf. *udus*; *fundus* πυθ-μήν, βύθ-ος, aspiration transposée; *densus* δασύς; *plumbum* μόλυβος; *fimbria fibra*; *campus* κᾶπος, att. κῆπος; *mensis* pour *me-tis*, **me** mesurer; *metior*, *mensus*; *viginti*, éolien εἴκατι; *centum* ἕκατον : *frango fragor*, *-cumbo cubo*, *pango pagina compages*, *stringo strigosus*, *rumpo ruptus*, *lambo* λάπτω, etc. Dans les verbes, **n** fait encore la seule différence du singulier au pluriel : *amat amant*, *amato amanto*.

§ III. *Addition finale.*

427. — Les additions finales sont peu nombreuses. On peut considérer comme telles les suffixes de quelques particules. — S'il faut admettre comme vrai le principe posé par Leibnitz que l'impératif des verbes en est la racine même, concision qui convient parfaitement au commandement (*i*, *ama*), on doit regarder comme euphonique la voyelle *e* qui termine l'impératif de la troisième conjugaison, *leg-e*, *tend-e* : d'après cela, *dic*, *duc*, *far*, *fer*, ne seraient pas abrégés, comme on le dit.

ARTICLE SECOND.

Retranchement (aphérèse).

428. — Le besoin d'abréger l'expression de la pensée, puis ensuite de l'adoucir, a dû faire tronquer un grand nombre de mots; cependant il y en a beaucoup de l'étymologie desquels on est trop incertain pour affirmer qu'ils ont été allongés ou mutilés. Il existe néanmoins des cas où la comparaison des mots produit la certitude.

§ Ier. *Retranchement initial.*

429. — A. *Voyelles retranchées.* **e** est supprimé dans

les formes du verbe substantif commençant par **s**; ainsi *sum sim* pour *es-um es-im*, **es**; *dens* pour *ed-ens*, *edo* manger, cf. ὀδ-ούς, ὀδ-όντος, ἔδω; *la-mina* pour *clamina?* cf. ἐλάω étendre sous le marteau.

430. — B. *Consonnes retranchées* : **c** et **g** disparaissent volontiers devant les liquides *l*, *r*, *n* : ainsi *nascor natus natura natio nævus* sont pour *genascor..... gnævus*, *geno* produire; de même *navus*, *navare*, pour *gnavus*, cf. *i-gnavus*, *gnavo*: — *nosco nomen* pour *gnosco gnomen*, cf. *a-gnosco a-gnomen*; *narro* est pour *gnarigo* (*gnarum ago*). *Rado*, *rodo* sont, dit-on, pour *grado grodo*, cf. all. *kratzen*; *la-mentum* pour *cla-mentum*, cf. *cla-mo* κλάω κλαίω; *laudo* pour *claudo* (*clu* célébrer + *d*); *lā-tus* pour *platus* πλατύς; *lien* rate pour *plien*, cf. goth. *plihan* σ-πλήν.

431. — Nous avons vu (17, 1°) que nulle racine primitive ne commençait par une voyelle; si ce principe est vrai, il faut regarder comme tronquées celles qui sont dans ce cas; ainsi *i* serait pour *hi*, *ci*, κι-ω; *amo* pour *camo*, pp. pencher, aimer, cf. κῶμος; *ap-o* pour *hapo* = *habeo*, *capio*; — *aper* pour *caper* κάπρος, *alapa* pour *calapa* κόλαφος.

§ II. *Retranchement intérieur* (syncope).

432. — Ils sont extrêmement nombreux. — A. *Voyelles* : Les voyelles disparaissent souvent entre deux consonnes dont la seconde est une liquide : *libra*, *castrum*, *acris*, *nigros*, pour *libera casterum aceris nigeros* : — *caldus*, *val-dè*, *fer-s*, *fer-t*, *fer-tis*, *vul-t*, *vul-tis*, pour *calidus feris volitis*; *fer-re*, *vel-le* (assimilation) pour *fer-ere*, *vel-ere*, etc. Ces faits et un grand nombre d'autres analogues prouvent que le plus souvent les voyelles qui séparent les consonnes sont euphoniques; ce

que nous avons eu bien des fois occasion de remarquer à propos des suffixes. De même *lic-tor*, *sec-tor*, *seg-men* sont pour *ligator secator secamen*. — Les anciennes formes de verbes *faxo*, *rupso*, *dixim* (*fac-eso*, *rup-eso*, *dic-esim*) *dixti*, *sumpsti*, etc., devenues *fec-ero*, *rup-ero*, *dix-erim*, présentent des syncopes semblables.

433. — Dans les suppressions de ce genre, quand elles ont lieu dans la partie radicale des mots, il arrive souvent que la première consonne, en contact avec la seconde, se change en une plus forte, et réciproquement, qu'une voyelle s'introduisant entre les deux consonnes, la première de celles-ci s'affaiblit. Ainsi en grec βλάξ βροτὸς βλώσκω remplacent μαλακὸς μορτὸς μολώσκω. Comparez *plumbum* μόλυβος, *blandus* μέλδω, βρέχω *mergo*, *plaga* *flago** (d'où *flag-rum*, *flag-ellum*) *plecto* *mulco*, *multus plures plerique*, **ple** emplir; *placo mulceo*, *mollis flaccus* (*malacus*) : dans ces mots latins *u* est amené par l'influence de *l* (459), et de plus il y a transposition. V. n° 447.

434. — Souvent, dans les mots composés, quand le premier terme finit et le second commence par une voyelle, les deux voyelles se réunissent en une seule longue : *cops cōpia* pour *coops coopia*; *cœpi* pour *co-ipi* (*apio*), *cōgo*, *dēgo* pour *coigo*, *deigo*; *dēmo* pour *deimo*, *prœmium* pour *prœimium* (*emo*), *cœtus* pour *coïtus*. De même, dans les dérivés, entre la racine et le suffixe : *prīmus* pour *pri-imus*, *manūs* pour *manuis*, *Lucī* pour *Lucie*, *vīs vī vīm* pour *vi-is vi-e vi-em*, etc. — Cette contraction de voyelles se fait aussi après la suppression de la consonne qui les sépare (435).

435. — B. *Consonnes* : **h** disparaît dans *nil nemo mi prendo* pour *nihil nehemo*, *mihi prehendo*; *prœbeo*, *debeo debilis* pour *prœhibeo dehibeo dehibilis* (*habeo*); *vemens* pour *vehemens*. — **v** se perd au parfait des ver-

bes, *petii*, *amārunt* pour *petivi*, *amaverunt*, dans *dīs ditior junix junior*, pour *di(v)es di(v)itior ju(v)enix ju(v)enior*, de plus il se fait une contraction dans ces mots. — **r** tombe dans *pedo podex* pour *perdo pordex*, πέρδω. — **s**, *ni* pour *nisi*. — V. 30

436. — Un très-grand nombre de dérivés éprouvent une suppression (ecthlipse) de la dernière consonne radicale devant le suffixe : *tālus pālus quālus vēlum scāla* pour *tag-lus paglus vehlum scadla; prūna ānus pēnis pēne pōne*, pour *prus-na asnūs pesnis pesne posne; rēmus*, v. l. *resmos* pour *retmos*, cf. ἐ-ρετμός; *pānis* pour *pasnis*, cf. *pastor pastus; quin-tus dē-ni bi-ni* pour *quinctus decni bisni; cœmentum ramentum sarmentum examen omen*, pour *cœdm. radm. sarp. exagmen osmen;* — *fartus tortus tostus sartus*, etc., pour *farctus torctus torstus sarctus*, etc. — Le nombre des racines ainsi tronquées est très-considérable. — Les composés suivants subissent une altération plus forte encore : *mālo* pour *ma(ge v)olo; nōlo* pour *ne(v)olo; māvult* pour *magvult mahvult; malle* et *nolle* pour *ma(h v)elle, no(v)elle; mālumus* et *nōlumus* pour *ma(h v)olumus, ne(v)olumus; vīs* pour *volis; sis* pour *si (v)is; sultis* pour *sivultis ; sōdes* pour *si audes*, selon les anciens, explication que repousse le sens du mot.

437. — Dans quelques composés le premier terme perd son suffixe : *sangui-suga* et *sangui-sorba* pour *sanguini-suga; homi-cida, nun-cupo, ven-do, cor-dolium*, pour *hominicida, nomen-cupo, venumdo, cordidolium; veneficus* pour *venenificus ; man-tele* pour *manutele, man-suetus* pour *manui suetus, s-ursum* pour *su(s v)ersum*, etc.

Enfin, dans la déclinaison et la conjugaison, il s'est fait plusieurs suppressions de ce genre. Voyez les notes A et D.

§ III. *Retranchement final* (apocope).

438. — A. *Voyelles* : **e** se perd à la fin de *quin*, *sin*, pour *qui-ne*, *si-ne*; des impératifs *dic*, *duc*, *fac*, *fer* (427); des pronoms *hic*, *illic*, *istic* et leurs formes adverbiales, pour *hi-ce*; *hunc*, *hanc* pour *hu-m-ce*, *ha-m-ce*, comme *ecce* pour *en-ce*; *nunc*, *tunc* pour *num-ce*, *tum-ce* (*num* =*novum*, comme νῦν=νέον); *cur* v. l. *quur* pour *quare*; *neu*, *seu*, *ceu* pour *neve*, *seve*; *viden*, *nostin* pour *videsne*, *nostine*.

439. — B. *Consonnes* : **m**, les accusatifs *me*, *te*, *se* sont pour *me-m*, *te-m*, *se-m*, cf. *pane-m*, etc. — 2° **d** signe de l'ablatif singulier : *rosā*, *herō*, *manū*, etc., pour *rosa-d*, *hero-d*, *manu-d* (v. l. *extrad urbem*, *in altod marid*, etc.); au neutre des adjectifs : *tenue*, *grave*, pour *tenui-d*, *gravi-d*, cf. *quo-d*, *qui-d*, *i-d*, *aliu-d*, etc. — 3° **s**, signe du nominatif singulier, a disparu dans la première déclinaison et dans certains mots de la troisième : *rosa pulcra* pour *rosa-s pulcra-s*; *caput*, *carcer*, *orator*, pour *caput-s*, *carcer-s*, *orator-s*. Au génitif singulier, dont **s** est le signe : *rosæ* (*rosa*+*i*), *servi*, *rei*, pour *rosais*, *servois*, *reis*; cf. *suæs provinciæs* : voyez note A. — 4° Dans les verbes : *amare*, *amabere*, pour *amaris*, *amaberis* (*amares*, *-eh*); et *mage* pour *magis*. — 5° **is**, dans les adjectifs : *acer*, *celeber*, pour *acer-is*. — 6° **u-s**, dans les noms et adjectifs de la seconde déclinaison : *puer*, *caper*, *niger*, *satur*, pour *puerus*, *saturus*. — 7° Le grécomane Ennius tronque certains mots à l'exemple d'Homère : *do*, *cœl*, *gau*, pour *domus*, *cœlum*, *gaudium*.

ARTICLE TROISIÈME.

Assimilation.

440. — Ce que la loi générale de l'attraction est dans l'univers, l'assimilation l'est dans le langage, où tout lui est soumis, depuis les éléments des mots jusqu'aux lois de la syntaxe d'accord. En effet, si l'adjectif s'accorde avec le nom dans tous les cas, si le verbe, si l'adjectif-attribut s'accorde avec le sujet de la proposition, c'est en vertu de l'attraction qu'il exerce sur ces mots qu'il entraîne à sa suite comme autant de satellites ; il les domine, il les plie à ses lois, en un mot, il se les assimile. Les lois euphoniques du langage dans la disposition des mots, la rime dans les vers, l'assonance, l'allitération, l'opposition parallèle des pensées dans la poésie hébraïque, sont l'assimilation sous diverses formes. Nous n'avons à l'examiner que dans la formation des mots dont les lois, quelquefois des suppressions, mettent en contact des éléments disparates.

441. — I. *Assimilation des consonnes.* Elle est ou *régressive*, cas le plus fréquent, ou *progressive*. 1° L'assimilation régressive ou préassimilation a lieu quand la première consonne s'identifie à la seconde : *puel-lus capel-la sel-la stel-la villum vallus summus*, pour *puer-lus caperla sedla sterla vinlum varlus supmus; grallæ penna pannus bellus ullus pelluvium malluvium gutta guttur*, pour *gradlæ pesna patnus benlus unlus pedluvium manluvium gusta gustur; capillus parricida gemma flamma squamma*, pour *capitlus patricida gesma flagma scabma; possum passus passio missus*, pour *potsum patsus patsio mitsus : officina alludo corrigo pellicio pelluceo polluo intelligo supellex*, pour

opificina adludo conrigo perlicio perluceo porluo interlego superlex, etc.

142. — Quelquefois l'assimilation n'est que partielle (*quasiassimilation*, *approximation*), lorsque la consonne soumise à la puissance assimilatrice, au lieu de s'identifier complètement à la consonne assimilante, est simplement modifiée de manière à s'en rapprocher pour le degré de force d'après les lois de l'homorganisme. Ce sont tantôt les suffixes qui exercent cette influence sur la consonne finale de la racine, tantôt la racine qui l'exerce sur le préfixe dans les mots composés. Ce principe peut se formuler ainsi : *La consonne finale d'une racine ou d'un préfixe s'élève ou s'abaisse au degré de la consonne suivante ou au degré le plus voisin.* Voici le tableau des articulations latines rangées par organes.

ORGANES				Nasales	Orales			
Actifs : 1° lèvres, 2° langue. **Passifs** : 1° gosier, 2° dents, 3° palais, 4° nez.					Faibles.	Fortes.	Aspirées.	Doubles.
ORGANIQUES	LABIALES		muettes	m	b	p		
			siffiantes				v f	
	LINGUALES	**Gutturales**			g	c	qu	x
		Dentales		n	d	t		z j
		Palatales	sifflantes			s		
			coulantes		n l	r		
INORGANIQUE							h	

Observation : **n** occupe deux places, parce qu'il est

linguale, dentale, nasale et *palatale coulante*, quand il est radical (*genitor*, *nemus*). — **z** (*ds*) n'est pas une articulation latine. — **j** est bien consonne, car il fait position et n'élide pas : sa prononciation n'est pas bien sûre, car tantôt il vaut *di* (***Janus Jovis***, ***Dianus Diovis***) tantôt *j* = *ii*. **j** est à **i** ce que **v** est à **u**. Comme il est dépareillé, nous le réunissons à **z** avec lequel il a de l'analogie. — **h** inorganique, signe d'aspiration, analogue à toutes les aspirées *v*, *f*, *g*, *c*, *s* (φ, χ, ϑ), avec lesquelles elle s'échange ; se joint à *p*, *c*, *t* (ph, ch, th).

C'est dans les limites de ce tableau que se font les changements euphoniques des consonnes dus à l'assimilation et à la quasiassimilation. Ainsi *puerlus vinlum patsio mitsus* deviennent *puellus villum passio missus*, etc. ; *dapnum sopnus scabnum acnus dicnus pucnus* deviennent *damnum somnus scamnum agnus dignus pugnus* ; *fadcis vivo traho veho* deviennent *fascis vixi* (*vic-si*) *tractus vexillum*, etc. Ces changements, n'étant soumis à aucune règle uniforme mais dépendant de l'usage, ne peuvent être formulés dans un énoncé général. Voyez nos 234, 250 et suivants. — Au lieu de s'assimiler, les consonnes se suppriment quelquefois (436).

443. — 2° L'assimilation progressive, ou post-assimilation, se rencontre quand la consonne suivante s'identifie à la précédente, ce qui est assez rare : *porro* pour *porso*, πόρσω πρόσω πόῤῥω ; *porrum* pour *porsum*, πράσον ; *turris* pour *tursis*, τύρσις ; *dossuarius* de *dorsum* ; *terra* pour *tersa*, la sèche, par opposition à *mare*, *pontus*, comme en grec ξηρά ; *mel-lis* pour *mel-tis*, μέλιτος ; *ossis* pour *ostis* ὀστέον ; *fellis* et *farris* peut-être pour *feltis* et *fartis* ; *mollis* pour *mol-cis* μαλακός (o pour u) ; *terreo*, *horreo*, *torreo*, *erro*, *narro*, pour *terseo*, *horseo*, *torseo*, *erso*, *gnar(i)go* ; *dispenno*, *tenno*, pour *dispendo*, *tendo* ; *vel-le*, *vel-lem* et leurs composés, pour *vel-(e)re*, *vel-*

(e)rem (*vel-se*, *vel-sem*). — Au superlatif des adjectifs dont le radical est terminé par **l** et **r** : *facil-is*, *niger*, *facil-limus*, *niger-rimus*, pour *facil-simus niger-simus* (93).

444. — II. *Assimilation des voyelles*. — 1° Elle est *régressive* quand une voyelle suivante s'identifie avec la précédente, ce qui est le cas le plus fréquent : *similis simul; facilis facilitas* et *facul facultas; filius* pour *fulius*, *fuo* produire; *consilium consulo; exsilium exsul* et *solum; cilium* et *domicilium*, *culo* cacher; *familia* de *famulus; cisium casa*, *scipio scapus; convicium* de *vox; illecebra*, *tenebræ*, *lacio* tirer, **tan** étendre; *postridie* pour *postero die; tibi* pour *tubi*, cf. *tu*, *tui; nun-cupo* de *nomen; di-minuo* pour *de-minuo; nimius* et *numerus*?; *nimirum* pour *ne mirum sit; sob-oles* pour *suboles; inquino cænum; primitiæ* pour *præmetiæ; sterquilinium stercus; inquilinus incolo; tugurium tego; socordia so-lvo* pour *secordia seluo*, etc. L'assimilation se trouve aussi dans le redoublement du parfait de quelques verbes : *cucurri*, *poposci*, *spopondi*, *tutudi*, *momordi*, *pupugi*; — et dans les diminutifs des noms en *on*, *carbun-culus*, *cantiun-cula* (203). — L'assimilation est progressive dans *teretis*, *hebetis*, *segetis*, pour *teritis*, etc., cf. *militis* (129).

ARTICLE QUATRIÈME.

Dissimilation.

445. — La dissimilation est l'opposé de l'assimilation. Dans le langage on l'emploie en évitant de mettre des pieds semblables dans les vers, de commencer un mot par la syllabe qui finit le précédent, de mettre deux consonnes aspirées de même organe dans deux syllabes

consécutives, etc. Dans les mots, la dissimilation consiste à substituer ou supprimer certaines consonnes ou voyelles semblables pour éviter des consonnances désagréables.

446. — I. *Dissimilation des consonnes.* — L'affaiblissement que subissent les suffixes *tu-s, tion, -tor, ti, ta, tu*, changés en *su-s, sion*, etc., paraît pouvoir être attribué à la dissimilation. En effet, soit *fusus* pour *fud-tus, fut-tus;* la dureté de ces deux formes, surtout de la seconde, a déterminé la modification *fudsus*, réduite à la plus simple expression d'euphonie en *fu-sus* par la suppression du *d* radical, *fu(d)sus*. D'autres raisons, comme le besoin de ne pas confondre des formes qui devraient être semblables, comme *fixus* (*fic-sus, cas-sus*, et *fic-tus, castus*, ont encore pu amener la dissimilation. Hors de ces cas, qui du reste sont fort nombreux, la dissimilation paraît à peine dans quelques mots isolés, comme *publicus* pour *puplicus, si-sto ste-ti* pour *sti-sto ste-sti*.

447. — C'est à la dissimilation qu'il faut attribuer l'exclusion de certains groupes de consonnes, qu'une langue trouve incompatibles, tandis que d'autres ne les regardent pas comme telles. Ainsi le latin repousse dans une même syllabe *bd, pt, dm, tm, cm, sm ; pn, cn*, excepté dans *Cneus*, *gn* vieilli au commencement des mots; *sl, dl, tl, ml, mr, sr*, etc. Les seules paires de consonnes adoptées par le latin comme compatibles, sont : *bl, pl, fl, cl, s-tl; br, pr, fr, cr, gr, tr, dr*, rare, *s-tr; sc, st, sp*. De là résulte que, quand une cause quelconque amène une combinaison de consonnes réputées incompatibles, la langue en substitue une autre : c'est ainsi que le latin dit *plumbum, flacus* flaccus*, pour *mlumbum, mlacus* (433). De là viennent encore les ecthlipses ou suppressions de consonnes (436), ou les mutations de consonnes (442), enfin les addi-

tions de consonnes intercalaires (424). Ainsi, comme on le voit, toutes les altérations des mots n'ont qu'un but, l'euphonie, objet général du langage.

448. — II. *Dissimilation des voyelles.* — Elle consiste à remplacer un son régulier par un autre, pour éviter une consonnance réputée désagréable. 1° Dans les noms en *tas* formés d'adjectifs en *ius*, la voyelle de liaison **i** devient **e** : *vari-e-tas*, *societas*, *pietas*, *medietas*, *nimietas*, etc., pour *vari-itas*. — 2° *Paries abies aries*, font *parietis abietis arietis*, pour *pari-itis*, cf. *mil-itis* : de même *hi-eto*, *vari-ego*, pour *hi-ito*, *vari-igo* (*ago*). *Minerva* pour *Menerva*, forme ancienne (la *penseuse*), cf. Μέν-τωρ, μένος, *men-s*; *phaleræ* φάλαρα, *camera* καμάρα, *tessera* τέσσαρα; *patina machina nebula*, πατάνη μαχανή νεφέλη; *petor-ritum*, πέτορες éol. pour τέσσαρες, et *rota*, pour *petor-rotum*; *samera samarum*; *Treviri Treveri*, etc. — 3° Nous avons vu (444) des parfaits évidemment formés par assimilation; la forme dissimilaire étant plus fréquente, on peut dire qu'en général on a plutôt consulté la dissimilation, *memini*, *cecini*, *tetigi*, etc. Cette dernière forme est elle-même postérieure, si l'on a dit d'abord, comme il paraît, *tatagi*, *cacani*, *papagi*, en donnant au redoublement la voyelle radicale.

ARTICLE CINQUIÈME.

Transposition (*métathèse*).

449. — La transposition d'un ou de plusieurs éléments d'un mot est une chose nécessairement relative; il faut donc, pour affirmer qu'elle existe, avoir un terme de comparaison auquel on puisse le rapporter, pris dans la langue à laquelle appartient ce mot ou dans une autre. Or ce terme absolu, cette *unité* manque, ou bien il faut

la chercher arbitrairement dans tel mot de telle langue prise comme point de départ. De plus, si l'on admet comme certain que deux consonnes ne peuvent se suivre immédiatement et qu'elles doivent être séparées par une voyelle, on reconnaîtra sans peine que la plupart des changements dont on fait honneur à la transposition sont plus apparents que réels. Soit, par exemple, *cerno*=κρίνω, ou *cerino* κερίνω, en complétant les deux mots ; on voit que *i* a disparu dans *cerno*, ε dans κρίνω. Y a-t-il transposition ? Non, mais suppression d'une voyelle, tantôt de celle-ci, tantôt de celle-là. Voilà en définitive à quoi se réduisent la plupart des cas de transposition ; car, il faut le dire, très-rares sont les transpositions véritables, comme *panaricium* pour *paronychium*, σκέπ-ω et *spec-io ;* tandis que les changements produits par la suppression des voyelles sont très-fréquents. Nous admettrons donc la transposition, mais avec les réserves que nous venons de faire, auxquelles nous ajouterons cette observation, que les changements qu'elle détermine dans le matériel des mots les modifient quelquefois au point de les rendre méconnaissables, et que deux mots étymologiquement identiques paraissent étrangers l'un à l'autre. Il est vrai qu'il faut aussi tenir compte de la substitution des consonnes homorganiques, qui trompe un œil inexercé. Nous en avons déjà vu des exemples (433), en voici quelques autres : *fulgeo flagro; pulmo* πνεύμων; *bardus* βαρδύς βραδύς; *tardus* pour *tarh-dus trahdus* de *traho?; cer-no cre-vi cri-brum; tero tri-ticum; sper-no spre-vi; repo serpo; turpis* τρέπω; *frequens farcio; falc-s flec-to; hordeum* κρίθη; *carpo crep-erus*, etc. Nous avons vu (90) une transposition dans *extremus supremus postremus.* — *Lapidicina* et *lapicidina* sont le même mot *lapidicidina* tronqué diversement.

450. — La comparaison des langues montre un assez

grand nombre de mots où la voyelle qui sépare deux consonnes se porte au commencement, à moins que cette voyelle ne soit tombée par suite de la préfixation d'une autre voyelle : *ast set sed*, *ascia seco*, *erga rego*, *aclassis calassis*, *opto peto?*, ἀρχὸς *reg-s*. Les suivants n'ont pas d'autre origine : *arc-s ardeo arduus ordo*, *orbus* cf. *rapio*, *orbis*, *albus* cf. hébreu *lâban*, etc. D'autres, nasalés, ne sont pas moins certains, quoique difficiles à reconnaître : *ango nec-to; unguis* ὄ-νυχ-ς, all. *nag-el; umbilicus* ὄμφαλος pour *nubilicus* νόφαλος, all. *nab-el; umbra* pourrait bien être pour *nub-ra*, **nub** couvrir. *Imber* ὀμβρὸς, *imbrex* et *ambrex* (*imr-ex amr-ex*) intercalent *b*, **mer** couler, cf. *mare*. Comme on le voit, ces rapprochements, qui exigent toutes les subtilités de l'étymologie, peuvent être contestés. — Il ne faut pas, sur une ressemblance apparente, se hâter de prononcer l'identité de deux mots; ainsi *nervus* (v. l. *nesvus*, n'a peut-être rien de commun avec νεῦρον, ni *parvus* avec παῦρος.

451. — *Transposition de l'aspiration*. Nous ne parlerons ici ni de la nature de l'aspiration, ni des signes employés pour la représenter. Nous dirons seulement que dans le latin **h** en est le signe général, qu'il équivaut aux consonnes gutturales **c**, **g**, et aux sifflantes ou aspirées **s**, **v**, **f**, avec lesquelles il permute souvent, comme le prouve un grand nombre de faits (*horda forda*, *hordeum fordeum* χρἰθή; *hanulum fanulum*, *harena fasena*, *vivo victus*, *traho tractum traxi*, *nivis nic-s*, Ηυπὲρ *super*, Ηροφάω *sorbeo*, Ηέρπω *serpo*, Ηὰλ *sal*, etc.); enfin, que *f* représente ordinairement *b* ou *p* aspiré (*bh*, *ph*), et que *v* est une faible aspiration labiale, équivalent latin du célèbre digamma éolien.

A. La transposition *rétrograde* de l'aspiration, fréquente en grec (ταχὺς θάσσων, τριχ-ὸς θρὶξ, τάφος θάπτω, ἔχ-ω ἕξω), est rare en latin, parce que celui-ci rejette le plus souvent l'aspiration : *fodio* βοθ-ρὸς, *fœteo fœdus* πύθω, *hordeum* κριθὴ, *fid-elia* πίθος, *fundus* βυθὸς, *fido* πείθω, *frendo* πέρθω, *fatigo fatisco fessus* πάθω* πέθω*, etc. — Mais, dans le plus grand nombre des cas, l'aspiration se perd : *puteus* βόθ-υνος, *puto* πύθ-ομαι, *patior* πάθω*; *strabo* στρέφω, *trabs* τράφω*, *strobilus* στρέφω, *peto* πέθω* ποθῶ, etc.

B. La transposition *progressive* est plus rare, et nous ne voyons en ce moment que *triumphus* θρίαμβος; mais il est possible qu'il y en ait d'autres exemples : on dit aussi *triumpus*. *Tropæum* τρόπαιον prend aussi l'aspiration, *trophæum*. En grec même elle n'est pas commune : φάτνη πάθνη, φιδάκνη πιθάκνη, θετμὸς τεθμὸς, χύτρα κύθρα, χιτὼν κιθών.

ARTICLE SIXIÈME.

Permutation de quelques consonnes et voyelles.

452. — A. *Consonnes.* — Nous n'avons pas l'intention de faire ici un traité de la permutation des consonnes et des voyelles, parce que la plupart des permutations que l'on cite n'ont de réalité que dans le cerveau de ceux qui les ont inventées, n'étant fondées la plupart que sur des rapprochements au moins fort douteux. Nous passerons aussi sous silence quelques changements isolés ou sans importance, pour nous attacher aux plus considérables.

453. — 1° **s** changé en **r** entre deux voyelles. — Tout extraordinaire que puisse paraître ce changement, il n'en est pas moins certain, il est attesté par Varron (*De ling. lat.* VI) et par Festus, qui en citent des exemples que nous donnerons plus loin. Bien que ces deux articula-

tions ne soient pas homorganiques, elles ont sans doute un point de contact, savoir leur caractère commun d'aspiration (1); et, ce qui est remarquable, c'est que ce changement s'est fait dans plusieurs langues. Il y a donc un grand nombre de mots du vieux latin qui ont changé **s** en **r**; nous allons en citer quelques-uns. — *Asa* ara; *fasena hasena* arena; *ausum* aurum, d'où *aurora*, *Auselii* Aurelii; *ausis aus-culto* auris; *nasus* naris; *Lases Lares; fesiæ* feriæ; *Fusii* Furii; *Valesius* Valerius; *asies* aries; *hesi* heri; *lœbesum* liberum (sei quoi hemone lœbeso sciens dolod malod mortei dueit, — Loi de Numa); διφάσιος τριφάσιος bifarius trifarius nefarius. — Varron donne *dolosi melios janitos plusima fœdesum ruse eso*, etc., devenus *dolori melior janitor plurima fœderum ero;* Festus, *majosibus meliosibus*, etc. Donc, 1° les noms et adjectifs en *or*, *ur*, *er*, étaient en *os*, *us* (*arbos-is honos-is melios-is rus-is jus-is fœdes-is*); 2° dans les verbes, *eso esim* (esiam), etc., devenus *ero fu-eso fuesim legesim, fuero fuerim legerim.* De là ces formes vieillies, *capso faxo dixim*, pour *cap-eso fac-eso dic-esim*, sont devenues *cep-ero fec-ero dix-erim*, en modifiant la syllabe radicale. Ainsi *plora-sint ecsara-sit voca-sit*, etc., sont devenus *plora-v-erint exara-v-erit voca-v-erit.* — *Quæso dis-imo dis-hibeo uso* sont devenus *quæro dirimo dirhibeo uro.*

Remarque : 1° Le changement de **s** en **r** n'est pas sans exceptions : *miser nasus asio asinus amasius caseus laser hæsi quæsivi*, etc. — 2° **s** primitif reparaît devant une consonne : *quæs-tor quæs-tus us-tus cas-sus*, (car-eo) *mæs-tus* (mœr-eo), etc.

454. — 2° **s** s'est encore changé en **r** dans quelques mots devant les suffixes *m*, *n*, *v*. *Cas-men cas-mena*

(1) Bergmann : *Poëmes islandais*, p. 77.

carmen carmena camœna (r extrito, dit Varron); *fusnus fusnax fusvus*, cf. *fuscus* conservé, furnus furnax et fornax (f-us = b-us) brûler, cf. *bus-tum ; nesvus* nervus, *gesmen* germen ; *gesma* s'est assimilé en *gemma*, **ges** *ger-o ges-tum* produire.

455. — 3° **t** et **d** changés en **s** devant diverses consonnes. — *Retmos* ἐ-ρετμὸς *resmus* rêmus ; *pet-na pesna* penna, πέτομαι ; αἴθω *æstus æstas ;* καθ-αρὸς *castus cad-o** rendre pur, brillant ; *fas-tus fad-o** briller ; *cædo cæstus ;* de même *frus-tum claus-trum ros-trum ras-trum plaus-trum fus-tis fis-tuca fes-tuca fis-tula*, etc., ont tous des racines en **d**. *Es-ca ed-o* manger, d'où aussi *es-t es-se* manger, pour *ed-it*, *ed-se*, et *cæsna* (co + ed) *cœna ; cascus casnar*, *cado* tomber. — Ici reviennent tous les noms, adjectifs et participes formés des racines terminées par *d* et *t*, dans lesquels le suffixe *t* devenu *s* amène un changement pareil dans la racine, avec ou sans suppression de la dentale radicale : *pas-sus* de *patior* et *pando ; quas-sum mes-sis mes-sor* de *quatio meto*, *fos-sa* de *fodio : visus casus tonsor* de *vid-sus cad-sus tons-sor* pour *vidtus tondtor*, etc.

456. — 4° **d** changé en **l**. On peut en citer quelques exemples : *filius* fut d'abord *fidios ; odor olco*, δάκρυ *lacru-ma*, δαήρ (δαϜήρ) *levir*, Ὀδυσσεύς *Ulysses*, *dingua lingua*, *badius bali-olus ;* (*Bad* eau, bain, cf. βέδυ, *vadum*, *mad-eo*) *bal-neum* βαλανεῖον ; *Pol-lux* assimilé de *Poldux* Πολυδεύκης. Isidore (Orig. XX, 3) dit : *medus*, quasi *melus*, quia ex melle fit, sicut *calamitas* pro *cadamitas* : pour *medus*, c'est précisément le contraire qu'il fallait dire, car *d* y est radical, cf. μέθυ, et s'est changé dans *mel* d'où *melior* pour *medior*. Quant à *cadamitas*, qu'Isidore dérive de *cadere*, Marius Victorinus (*De metris*, I, 4) dit : *Gn. Pompeius Magnus et scribebat et dicebat* kadamitatem *pro* kalamitatem. — Par un chan-

gement analogue, *ad* a été *ar* dans certains mots : *arbiter*, *ar-cesso*, *ar-undo* (*ad undam?*), etc.

457. — B. *Voyelles.* Il serait impossible de suivre tous les changements de voyelles, nous en indiquerons seulement quelques-uns. 1° **o** changé en **u** et réciproquement. Quintilien (I, 4) avertit de cette permutation, et Priscien en donne la raison (note H). Nous avons déjà dit que les noms de la deuxième déclinaison étaient d'abord terminés en *os* et *om*. De même les génitifs pluriels (*earom rerom*); les datifs pluriels (*navebos*, *bovebos*); les verbes (*ecfociont*, *dederont*, *probaveront*). Tous les monuments gravés en donnent une foule d'exemples : (Voyez Lanzi, Gruter, Orelli. Cette substitution de **o** à **u** paraît avoir été familière aux Romains du temps même de Cicéron.

458. — 2° **u** changé en **i** : *subulo sibilo*, *supparum siparium* ; *optumus*, *maxumus* (90 et suiv.), *lubet libet*, etc.

459. — 3° **u** et **o** remplacent d'autres voyelles sous l'influence de **l**, surtout suivi d'une autre consonne : *mel mulsus*, *vello vulsus vulnus*, *pello pulsum*, *percello perculsum*, ἀμέλγω *mulgeo*, *sal insulsus*, *stolidus stultus*, *colo colonus culter cultus*, *flagro fulgeo*, *placo mulceo*, *plaga plecto mulco*, *multus = pletus**, *cel-lo*, *culmen culmus collis*, *adolesco adultus*, *sepelio sepultus*, *salio insulto*, *similis facilis simultas facultas.* — On trouve ce changement même dans des mots où *l* est seul : *pepuli perculi*, etc. Est-ce aussi à l'influence de *l* qu'on doit l'*u* de quelques mots, *nebula* νεφέλη, *Siculus* Σικελός, *scopulus* σκόπελος, *pessulus* πάσσαλος, *crapula* κραιπάλη?

460. — 4° **ō** et **au** permutent. Bon nombre de mots remplacent *au* par *ō*; voyez-en la raison n° 29. *Caurus cōrus*, *cautes cōs cōtis*, *caudex cōdex*, *cauda cōda*, *lautus lōtus*, *plaudo plōdo*, *Claudius Clōdius*, etc. Mais à *au*

répondent *av* et *ov* devant une voyelle : *lavo faveo moveo foveo, lautus fautor mōtus fōtum, navis navita nauta, au-gur au-spicium* d'*avis*. *Au* remplace même *ab* dans *au-fero, aufugio.*

(Quintilien I, 4; Priscien, pag. 538 à 586, traitent des lettres, de leurs propriétés, de leurs rapports. — Vossius, *De permutatione litterarum.*)

461. — 5° **œ** (*oi*) et **u** permutent. Est-ce un changement de son ou une simple variété d'orthographe? Quoiqu'il en soit, beaucoup de mots qui dans le vieux latin s'écrivaient par *oi*, puis par *œ* son affaiblissement, ont remplacé ces signes par *u*; ou les uns ont conservé *œ* tandis que les autres ont adopté *u*. On peut donc en général les regarder comme équivalents. Ainsi les monuments donnent *oitilis coira moinus loidus poina*, changés en *œtilis cœra mœnus*, etc., devenus définitivement *utilis cura munus*. Comparez *pœna mœne Pœni*, et *punio munio punicus. Fœtus, fœnum*, etc., sont dérivés de *fuo*. De même chez les Grecs οι = υ : cf. οἰδέω ὕδνον, κοίρανος κῦρος, κοιλά κύλα.

NOTES.

NOTE A. *Sur l'unité de déclinaison.*

Il n'y a eu dans l'origine qu'une seule déclinaison; mais il n'est pas facile de déterminer laquelle des cinq déclinaisons actuelles est la source des autres. Au premier abord, on est tenté de croire que c'est la première, parce qu'elle a conserv l'*a* primitif, et peut-être aussi parce qu'elle a subi le plus d'altérations. D'autre part, la quatrième, moins altérée que les autres, mérite peut-être à ce titre la préférence. En effet, elle a conservé partout la voyelle de son thème, le *s* du nominatif, et le *s* (*as*, *os*, *us*, *is*) du génitif. Au fond, cette question de priorité n'a point d'importance, puisque quelque déclinaison qu'on prît pour point de départ, il faudrait toujours admettre dans les autres plus ou moins d'altérations. Il est probable qu'il faut reconnaître un type primitif dont les vestiges se retrouvent dans les anciens monuments de la langue, et dont les cinq déclinaisons usuelles ne sont que des variétés plus ou moins altérées, et suivant la série des voyelles *a*, *e*, *i*, *o*, *u* (66-70) : *terr-a*, *di-e-s*, *av-i-s*, *de-o-s*, *man-u-s*. Voici ce type :

	NOMINAT.	ACCUSAT.	GÉNITIF.	ABLATIF.	DATIF.
Singulier :	*s*	*m*	*s*	*d*	*bi.*
Pluriel :	*s*	*m-s*	*um sum,*	*bus bis,*	*bus bis.*

Indiquons brièvement la manière dont les cas se sont formés. Les uns, nominatif et accusatif, sont formés par des particules démonstratives ; les autres, par des particules relatives, ajoutées au thème.

SINGULIER. 1° *Nominatif* : le nominatif masculin et féminin est caractérisé par la sifflante *s*, particule démonstrative, qu disparaît quelquefois, *borea-s terr-a(s)* (1) *diē-s navi-s ser-*

(1) Si quoi hemone(*m*) lœbeso(*m*) sciens dolod malod mortei dueit, *paseicidas* estod. *Loi de Numa.* — Si qui hominem liberum sciens dolo malo morti duit, *paricidas* esto.

vo-s manu-s. Le nominatif neutre se distingue soit par l'addition de la dentale *d* pour *t*, dans les pronoms, *i-d illu-d istu-d aliu-d quo-d qui-d*; soit de l'assonance nasale *m* (pour *n*, cf. δῶρο-ν), *vino-m, bello-m*; soit par le manque de désinence, *cornu-(m), lumen-(s)*, ce qui arrive aussi à la plupart des noms dont le radical finit par *r*, *l* et *n* (49.)

2° L'*accusatif* a pour signe l'assonance nasale *n*, autre particule démonstrative (cf. μοῦσα-ν, λόγο-ν), et devenue *m* en latin : *terrā-m diē-m navī-m servō-m manū-m*. Dans les neutres il ressemble toujours au nominatif.

3° L'*ablatif* est formé primitivement par la particule *ut* (hors), adoucie en *ud* et réduite à *d*, comme on le voit dans l'ancienne langue (*dolod malod*, *endo concioned*, loi de Numa. — *En Siceliad.. artisumad obsedeòned.. pucnandod.. dictatored.. in altod marid.. navaled prædad* : Colonne costrale). Ce *d* a disparu, ainsi ce cas a perdu son individualité : *terrā diē navī*, puis *navĕ*, *servō manū*, pour *terra-d die-d navi-d servo d manu-d*.

4° Le *génitif*, indiquant une dérivation métaphysique, a pu naître de l'ablatif, qui exprime une dérivation physique. Aussi son caractère *s* (*os us is*) n'est-il que l'affaiblissement de *t*, *d* (*ut*, *ud*), signe de l'ablatif : *terra-s* (1) (*terra-is terra-i terræ*) *die-i* pour *die-is*, *navi-s* pour *navī-is*, *servi* pour *ervo-is*, *manū-s* pour *manu-os manu-is* (2).

5° Le *datif* est marqué par *bi* (pour *bhi, abhi*, φι, à, auprès, dans), préfixe devenu le signe d'un ancien cas *locatif*, perdu, conservé dans *si-bi, ti-bi, i-bi, u-bi, mi-hi* pour *mi-bhi*, et abrégé partout ailleurs en *i*, qui même se combine ou se perd par contraction: *terrā-i* devenu *terræ*, *diē-i*, *navī* pour *navi-i*, *servō* pour *servō-i*, *manu-i*. — Les mots *humi*, *domi*, *belli*, *militiæ*, *Corinthi*, *Carthagini*, *heri*, *vesperi*. *temperi*, etc., désignant le lieu ou le temps où se fait une chose, sont de vrais locatifs, et non des génitifs, comme le veu-

(1) Cf. *familias*. Charisius cite *terras* et *fortunas* de T. Live et de Nævius ; *custodias*, de Salluste. *Minerves*, *suæs provincies*, où ē et æ = *a* + *i* (30).

(2) Varron, ed. Bipont. *graduis*, p. 243, *rituis nostri*, p. 322; *senatuis*, *domuis*, *fluctuis*, p. 340. — On a dit aussi *senatu-os*, etc.

lent les grammaires. On voit aussi que la ressemblance fortuite du datif et de l'ablatif, par exemple : *servo, igni*, n'établit pas leur identité, puisqu'ils sont formés très-différemment.

Pluriel. 1° Le *nominatif* masculin et féminin a pour signe la sifflante *s* (*es*, *is*) qui est plutôt signe de nombre que de cas : *terræ* pour *terrā-i(s)*, *servi* pour *servō-i(s)*, *diē-s*, *navē-s* pour *navī-s* et *naveis* (cf. *omnis homines*, Sall.), *manū-s*.

2° L'*accusatif* ajoute à *m*, signe de l'accusatif singulier, *s*, signe du pluriel (*m-s* pour *n-s*) ; mais l'euphonie fait disparaître *m*, et *s* reste seul chargé d'indiquer le cas : *terrā-s diē-s navē-s servō-s manū-s*, pour *terra-m-s die-ms* (1).

3° L'*ablatif* et le *datif* prennent la syllabe *bus* ou *bis*, conservée dans *no-bis* et *vo-bis*, et qui se réduit à *is* par la perte de *b* : *terr-is* pour *terrā-bus terrā(b)is*, cf. *animabus duabus*, etc.; *diē-bus*, *navi-bus*, *serv-is* pour *servō-(b)is* pour *servō bus*, cf. *duō-bus ambō-bus*; *artu-bus mani-bus*.

4° Le *génitif* est marqué par *ūm* ou *s-ūm* (*âm s-âm*, *ân s-ân*); *s-um* devient *r-um* par le changement de *s* en *r* entre deux voyelles (453); ce *s* paraît être ou le *s* du génitif singulier, ou le reste d'un pronom démonstratif : *terrā-r-um*, *diē-r-um*, *navi-um*, *servō-r-ūm*, *manu-um*, pour *terra-s-um die-s-um servo-s-um*. Quelquefois, surtout dans les poëtes, on trouve des génitifs de la première et de la deuxième en *um*, *cælicol-um*, *de-um*, pour *cælicolā-um*, *deō-um*, et nullement abrégés de *cælicola-r-um*, *deo-r-um*; ils ressemblent alors à *navi-um* et *manu-um* : cf. θεῶν pour θεά-ων et θεό-ων.

(1) Il en était de même dans l'ancien grec où *tous* les acc. sing. étaient terminés par ν, μοῦσα-ν, λόγο-ν, πόδα-ν (cf. ἰχθύ-ν πολύ-ν πόλι-ν) et ceux du plur. masc. et fém. par νς, μοῦσα-νς, λόγο-νς, πόδα-νς. Ce ν-ς s'était conservé chez les Argiens et les Crétois. Les autres Grecs rejetaient ν et allongeaient la voyelle ᾰ, ε, ο, en ᾱ, ει, ου (dor. αι, η, οι, éol. αι, ει, οι). Cette suppression ne doit pas surprendre, car elle avait lieu dans d'autres circonstances, et même de plus fortes encore : μέλας τάλας εἷς εἰς μεὶς p. μέλαν-ς ἕν-ς ἐν-ς μῆν-ς ; λύουσι λύουσα p. λύοντι et λύοντ-σι λύοντσα ; λύσας πᾶς θείς, p. λύσαντ-ς πάντ-ς θέντ-ς ; ἔκτεινα, éol. ἔκτεννα, assimilé p. ἔκτενσα, etc. Le goth termine de même ses acc. pl. masc. en *ns*, *fiskans sununs* (*Bopp*, *Vergl. Gr.* § 236).

5° Tous les nominatifs, accusatifs et vocatifs neutres sont en *a*, *templa*, *genera*.

NOTE B. *Sur les noms des cas.*

Si les noms ne font pas les choses, du moins ils servent à les faire connaître. Aussi les inconvénients d'une mauvaise nomenclature grammaticale sont-ils plus grands qu'on ne le pense communément, car elle ajoute une nouvelle et considérable difficulté à celles que les choses présentent déjà par elles-mêmes. Cette réflexion s'applique surtout aux noms des cas, dont la fausseté ou l'insignifiance obscurcit complètement la nature des rapports qu'ils expriment, ce qui est assurément un grand mal, puisque leur emploi constitue, seul, presque toute la grammaire latine. Le grammairien philosophe Dumarsais, et d'autres après lui, ont proposé des noms plus convenables, mais cette réforme si nécessaire n'a pas réussi et ne réussira pas : la routine l'emportera toujours. Voici les noms admis par M. Latouche dans sa grammaire latine : *dominatif* (nominatif), *déterminatif* (génitif), *réceptif* (datif), *objectif* (accusatif), *locatif* (ablatif). Le terme de *locatif* ne répond pas à toutes les valeurs du cas, cas multiple qui exprime une foule de rapports différents et même opposés, ce qui rend peut-être impossible l'emploi d'un mot unique, peut-être cependant nécessaire. Cette nomenclature ne fait pas mention du *vocatif* (*allocutif*, *compellatif*), qui de fait n'existe pas en latin. En effet, il est partout semblable au nominatif, sauf au singulier de la deuxième déclinaison, encore quelques noms (*agnus*, *deus*, etc.) sont-ils restés intacts. — Les cas sont indépendants les uns des autres; signes de relations différentes, ils existent ensemble, les uns à côté des autres, sans aucun rapport de filiation, si ce n'est peut-être le génitif qui a pu naître de l'ablatif : voyez note A.

NOTE C. *Sur l'actif et le passif.*

L'actif et le passif sont deux formes corrélatives de verbe dont l'une représente le sujet comme faisant, l'autre, comme subissant une *action transitive*, soit qu'un étranger l'exerce sur lui, soit que lui-même l'exerce sur lui-même, car il y a passivité dans les deux cas. *Servum herus verberat*, *servus ab hero verberatur*; ces deux propositions disent toutes deux que le maître bat et que l'esclave est battu, seulement elles le disent d'une autre manière. Que le passif ne soit qu'une simple forme, c'est ce que prouve encore l'emploi qu'on en fait avec des verbes soit intransitifs, soit neutres, qui par eux-mêmes ne sont pas susceptibles de passif, puisque les *actions transitives* peuvent seules être *reçues;* comme dans ces locutions, *sic* itur *ad astra, usque adeo* turbatur *agris*, pugnatum *est*, aller, troubler se fait, combattre s'est fait.

Le passif a souvent en latin la signification réfléchie (1), et s'il ne l'a pas toujours, c'est qu'il y a une autre manière de l'exprimer, savoir l'emploi du pronom, *me verbero, te laudas, se amat*, etc. C'est cette réflexivité du passif qui seule explique les locutions semblables à celles-ci: *Dido scissa comas*, Didon s'étant arraché les cheveux; *Cæsar nudatus caput*, César s'étant découvert la tête; *purgor bilem*, je me purge la bile; *oculos dejecta decoros*, ayant baissé ses beaux yeux. Elle seule rend compte de ces accusatifs, compléments immédiats de l'idée transitive *d'arracher*, de *découvrir*..., idée que ne détruit pas, que ne peut détruire la forme passive purement accidentelle. C'est encore la seule explication rationnelle des verbes dits *déponens*, tels que *imitor*, *sequor*, *polliceor*, etc., se rendre semblable, s'attacher, se lier (*lacio*); le cas qui accompagne ces verbes exprime l'objet de l'action.

NOTE D. *Sur l'unité de conjugaison.*

Il y a quatre variétés de conjugaisons, toutes réductibles à un type primitif unique. La conjugaison rétablie du verbe dit *substantif* paraît propre à le faire retrouver, et à révéler le secret de la formation des verbes dans la langue latine.

Le verbe substantif, ainsi appelé parce qu'il exprime l'*existence*, est attributif comme les autres; il ne peut même être autre chose, car il est impossible d'être, sans être de telle ou telle manière. L'existence n'est pas une abstraction, mais elle

(1) Sternitur, *et toto* projectus *corpore;* — cingitur *ipse furens;* — *huc* feror, etc.

est toujours liée à un mode ou attribut quelconque. En latin, le verbe substantif signifie *exister* (*ex-sisto, sto*), c'est-à-dire *être debout, s'élever, être saillant*. Sa conjugaison usuelle se forme de deux racines différentes, es, fu, identiques pour le sens, dont la première sert pour les temps simultanés (64), l'autre pour les temps antérieurs; ou, pour parler plus exactement, ces deux verbes, indépendants l'un de l'autre, ont été réunis par l'usage et par la grammaire pour composer le verbe usuel, dont la seconde moitié n'est qu'une partie modifiée du verbe *fuo*, devenu *fio*.

A. *Temps simultanés*. Ces temps sont simples et plus anciens que ceux de la deuxième série, et parmi leurs modes l'indicatif est sans doute antérieur aussi aux autres. Il se compose de la racine es plus les signes de personnes *mi, si, ti, mus, tis, nti*, réduits à *m, s, t..., nt*, et séparés ordinairement par une voyelle, signe du temps.

PRÉS.	es-*u*-*m*	es-*s*	es-*t*	es-*u*-*mus*	es-*tis*	es-*u*-*nt*	(*sum*).
PAS.	es-*a*-*m*	es-*a*-*s*	es-*a*-*t*	es-*a*-*mus*	es-*a*-*tis*	es-*a*-*nt*	(*eram*).
FUT.	es-*o*(*m*)	es-*i*-*s*	es-*i*-*t*	es-*u*-*mus*	es-*i*-*tis*	es-*u*-*nt*	(*ero*).

La partie italique du mot est la désinence conjugative.

B. *Temps antérieurs*. Ils sont composés de la racine fu plus les temps simultanés devenus tout entiers suffixes verbaux.

PRÉSENT ANTÉRIEUR	PASSÉ ANTÉRIEUR	FUTUR ANTÉRIEUR.
fu-*ei*(*m*) (*fui*)	fu-*esam* (*fueram*)	fu-*eso* (*fuero*).

Fuesam et *fueso* sont entiers; *fu-ei*(*m*) = *fu-esm*. Ici *eim* s'est formé comme en grec εἰμὶ de ἐσμὶ, d'abord *em* pour *esm*, puis *eim* par compensation; enfin *m*, signe de la personne, s'est supprimé. Voici les transformations de *fui* :

fu-*esm*	fu-*essi*	fu-*est*	fu-*esmus*	fu-*estis*	fu-*esunt*.
fu-*ei*(*m*)	fu-*esti*	fu-*eit*	fu-*eimus*	fu-*estis*	fu-*esunt*.
fu-*i*	fu-*isti*	fu-*it*	fu-*imus*	fu-*istis*	fu-*erunt*.

Tel est l'INDICATIF dans les deux séries de temps.

Le SUBJONCTIF n'est que l'indicatif légèrement modifié : 1° *Présent* : es-*iam*, avec les modifications (*e*)*siem esim sim* (*him*) *im iam am*; 2° *Passé* : es-*em*, à côté duquel se trouve une autre forme composée *es*-(*e*)*sem*, c'est-à-dire *esem* ajouté à sa propre racine : ainsi *essem*=*fu-esem* de la deuxième série. 3° *Futur* : *esim*, inusité. — Dans les temps antérieurs on a: *Présent:* fu-*esim* (*fuerim*); *Passé*, fu-*esem* (*forem*) et fu-*es*(*e*)*sem* (*fuissem*); le *futur* serait *fu-esim*, inusité.—*Fu-am* pour *fu-esiam*, n'appartient pas à la conjugaison usuelle. A côté de *fu-esem* (Lucrèce, *fuerem*) se trouve la forme surcomposée *fu-es*(*e*)*sem*, répondant à *fu-esam*.— On voit l'origine des formes vieillies *dixim faxim capsim*, *dixem faxem capsem*, etc., pour *dic*-(*e*)*sim*... *fac*-(*e*)*sem*, remplacés par *dix-erim*... *dix-issem*, qui ont modifié leur syllabe radicale, changé *s* en *r* entre deux voyelles, et adopté le suffixe composé *es*(*e*)*sem* pour le simple *esem*. Il en est de même des futurs antérieurs *ama-so cap-so*, pour *ama-eso cap-eso*, remplacés par *ama-v-ero cēp-ero*, avec les mêmes modifications : *jusso* assimilé pour *jub*-(*e*)*so jub-so*, ensuite *jussero*.L'orthographe *amasso*, etc., est vicieuse.

Impératif : es, es-*to*, es-*te* ou es-*to-te*, es-*u-nto*. *Es*, sans personnatif. Deuxième série, *fu* (*fi*, deviens).

Infinitif : es-*e*, es-(*e*)*se*. Si l'on compare l'infinitif latin avec celui des autres langues congénères, on est amené à croire qu'il a dû être terminé en *en*, es-*e* pour es-*en* (cf. grec εıν ou εν, goth *an*, all. *en*. Avec *ese* existe aussi *esse* (es + ese), qui, composé avec *fu*, donne *fu-esse* (*fuisse*), forme antérieure correspondante.—*Fu-tum*, infinitif du futur, dit supin. Quant à *fu-ese* (*fore*), qui répond à *fu-esam* et *fu-esem*, l'usage l'a fixé au futur en le transportant de la deuxième série dans la première : il est remplacé par *fu-essem* (*fuissem*). Tous les autres ont aussi subi ce déplacement et cette modification.

Le participe *es-e-nt* s'abrége en *s-ent* dans *præ-sens* et *ab-sens*, et perd entièrement sa racine dans *pot-ens* et autres composés. Le nom *essentia* indique une forme *essent* (*es-es-ent*), dont il ne reste pas d'autre trace, formée du reste comme *esse* et *essem*. — *Fu-turus*.

Conjugaison primitive de sum.

Temps simultanés.

	Indic.	*Subj.*	*Impér.*	*Infin.*	*Partic.*
1.	es-*u-m*	es-*iam*	}	es-e	es-*e-nt*
2.	es-*am*	es-*em*			
		es-(*e*)*sem*		es-(*e*)*se*	
3.	es-*o*(*m*)		es		

Conjugaison primitive de fuo (fio).

Temps simultanés.

1. fu-*o*(*m*)	fu-*am*, *fu-îm*	}	fu-*ese*	fu-*e-nt*
2. fu-(*eb*)*am*	fu-*em* *			
3. fu-*ēm*		fu	fu-*tum*	fu-*turus*

Temps antérieurs.

1. fu-*ei*(*m*)[1]	fu-*esim*[1]		
2. fu-*esam*[1]	fu-*esem*[1]	}	fu-*es*(*e*)*se*[1]
	fu-*es*(*e*)*sem*[1]		
3. fu-*eso*(*m*)[1]			

1° Présent, 2° passé, 3° futur. — [1] L'ancienne langue disait : *fu-v-i fu-v-eram fu-v-ero fuverim fuvissem fuvisse.* (Ennius.)

APPLICATION. Appliquons maintenant la conjugaison du verbe substantif, et voyons comme il entre dans la formation des autres. Les désinences de ses temps simultanés sont communes à tous les autres verbes.

INDICATIF. — *Présent :* ama-, dele-, audi- } *o*(*m*), *s*, *t*, *mus*, *tis*, *nt*. *u-nt.*
fu, leg- *o*(*m*), *i-s*, *i-t*, *i-mus*, *i-tis*, *u-nt.*

Dans *leg-i-s*, *leg-u-nt*, *i* et *u* sont euphoniques.—Pour former le *passé* et le *futur*, l'euphonie a intercalé le vau ou digamma b (note E), entre la voyelle de la racine et la terminaison : *ama-b-am dele-b-am audi-b-am*, *ama-b-o*(*m*) *dele-b-o*(*m*) *audi-b-o*(*m*). La conjugaison forte, la troisième, pouvait se passer de l'euphonie, et avoir *leg-am*, *leg-o*(*m*). Mais, outre que le futur eût ressemblé au présent, on a jugé à propos de lui faire suivre l'analogie *leg-e-b-am*, *leg-e-b-o*(*m*) : c'est donc elle qui s'est formée sur les autres, et non les autres sur elle. Plus tard, l'usage a modifié son futur en *am*, *es*, *et*, etc., modification suivie aussi par la quatrième. Mais comment s'est-elle faite et substituée à la forme analogique? Quintilien, I, 8, nous apprend que Caton le censeur écrivait toujours *dicem*, *faciem*, pour *dicam*, *faciam*, et qu'il en usait de même pour tous les futurs de cette terminaison. C'était donc un archaïsme conservé par Caton, zélé partisan de l'antiquité. Ainsi, c'est *leg-em*, *dic-em* qui est à examiner. On peut supposer que *legebo* (*legebum*), devenu *legebim* par le changement si fréquent de *u* en *i*, aura perdu le vau (*b*) euphonique, *leg-eim*, d'où *leg-ēm* par contraction. Ensuite l'usage aura substitué l'*a* à l'*e* dans la première personne, en conservant *e* dans les autres. Le même changement a eu lieu dans *audiam audiēs.*

Tous les temps antérieurs sont formés comme *fu-ei(m)*, *fu-esam*, *fu-eso(m)*, (*fui fu-eram fu-ero.*) Ainsi *leg-i*, *leg-eram*, *leg-ero.* Mais dans les conjugaisons faibles, on insère le vau euphonique v : *fu-v-i*, *ama-v-i*, *dele-v-eram*, *audi-v-ero.*

Subjonctif. — Présent : *es-iam*, modifié en *eiam iam am*, *siem sim (h)im : amem* pour *ama-im* (ē=a+i), *dele-am audi-am leg-am.* — Imparfait : *esem* ; *fu-esem ama-(e)sem...* *leg-esem*, *fu-erem* (Lucrèce) *ama-rem leg-erem.* — Parfait : *esim*, *fu-esim ama-v-esim... leg-esim*, *fuerim amaverim*, etc. — Plus-que-parfait : *fu-issem* pour *fu-essem*, *ama-v-issem leg-issem.*

Impératif. — Futur : *es*, *fu*, sans terminaison ; *ama dele audi. Leg-e* prend un ĕ bref pour soutenir la voix : *i*, *u*, de *leg-i-to leg-i-te leg-u-nto*, sont voyelles de liaison, cf. *ama-to dele-te ama-nto.* On pourrait dire que *es* est abrégé de *es-e* ; mais il faut admettre le principe de Leibnitz, que l'impératif est le plus court possible et réduit à la simple racine, cette brièveté convenant au commandement.

Infinitif. — Présent : *ese*, *ama-(e)se... leg-ese*, *ama-re leg-ere.* — Passé : *es(e)se*, *fu-isse* pour *fu-esse*, *ama-v-isse... leg-isse.* — Futur : *fu-tum dele-tum lec-tum.*

Participe. — *Es-e-nt*, *ama-nt dele-nt audi-e-nt leg-e-nt. Fu-turus*, *ama-turus lec-turus.*

Observation. La conjugaison entière de tous les verbes se réduit donc à celle du verbe substantif.

PASSIF. Le passif se forme de l'actif par l'addition du pronom réfléchi *se* réduit à *s* et changé en *r*, qui en est le signe en latin. Cette langue n'est pas la seule qui en use ainsi. Toutes les langues slaves font aussi leur passif en ajoutant comme enclitique le pronom réfléchi à l'actif. Ainsi, en bohême, *rodjīm se* signifie à la lettre *j'enfante soi*, je nais, *nascor* (*genascor.*) Le français dit également : *cela se dit*, *se voit*, *hoc dicitur,hoc videtur*. En latin, la forme spéciale du passif n'existe que pour les temps simultanés dans tous les modes : *amor amabar amabor, amer amarer, amare, amarier*. Mettons en regard les deux formes.

Actif : *amo-(mi), ama-si, ama-ti, ama-mus, ama-nti.*
Pas. : *amo-r, ama-ri-s, ama-tu-r, ama-mu(s)-r, ama-ntu-r.*

On voit que *r* (*se*) s'ajoute à la forme correspondante de l'actif, et que *amo-r ama-ri-s ama-tu-r*, etc., représentent *amo-se ama-si-se ama-ti-se. Amaris* a gardé *s*. — L'impératif *ama-re* =*ama-se*. — L'infinitif *amarī-ĕr*=*amare-se. Amarīĕr* s'est abrégé en *amarī*, et cette abréviation est plus forte encore dans la troisième, puisque *leg-erier* est devenu *leg-ī*.

Cette manière d'envisager et de former le passif est sans doute peu conforme à nos idées ; il faut bien croire cependant qu'elle est fondée sur la nature des choses, puisque toute une nombreuse classe de langues emploie le même procédé. En tout cas, elle est parfaitement exacte quand le passif est chargé, comme en latin, d'exprimer la *réflexivité* d'une action, c'est-à-dire la qualité d'être faite par son auteur sur lui-même. (Voyez la note C.)

Nous n'avons pas parlé de *ama-mini ;* c'est le vocatif pluriel d'un ancien participe : *ô vous aimés*, φιλεόμενοι ; cf. *alumnus, alumna*.

NOTE E. *Sur le vau ou digamma latin.*

1° *Nom du digamma*. — « Les anciens Grecs, dit Denis » d'Halicarnasse (*Ant. rom*. p.16, *éd. de Sylb.*), avaient coutume de placer devant les mots commençant par une voyelle » la syllabe *ou* représentée par un seul caractère. Cette lettre » ressemblait à un gamma formé de deux lignes transversales » appliquées à une troisième verticale (F), comme Fελένη, » Fάναξ, Fοῖκος, Fανήρ, etc. » Ce passage nous donne à la fois et la forme et la valeur du digamma. Ce nom, comme on le voit, est tiré de sa forme ; son vrai nom, pris de sa valeur, est *vau* ou *bau*.

Ce signe n'était pas particulier au grec ; il se trouve aussi dans le phénicien, l'hébreu, l'arabe, etc. ; et, parmi les langues modernes orientales, dans le copte, le persan et le turc, dérivés en partie de l'arabe, sous le même nom de *vau* ou *bau* (*vav*), sous une forme à peu près semblable à υ grec; et même le caractère décrit plus haut par Denis n'est qu'une de ses nombreuses formes dans l'alphabet phénicien, légèrement modifiée et retournée. Le vau occupe dans l'ancien alphabet grec pélasgique la même place que dans les alphabets phénicien et hébraïque ; il vient après *ε* ; c'est aussi la place de F dans l'alphabet latin. (Montfaucon, *Paléogr. gr.* p. 122.) Ainsi le digamma n'est pas particulier aux Grecs, encore moins aux Eoliens ; et s'il porte leur nom, c'est que, remplacé successivement dans la langue grecque par différentes lettres à mesure qu'elle s'est adoucie et dépouillée d'aspirations, il s'est conservé chez les Eoliens d'Asie et d'Europe (les Thessaliens, les Béotiens, les Lesbiens, etc.)

2° *Signes du digamma.* — Les plus usités sont Ϛ, F, Ⅎ, E, C, 8, υ. — Le premier n'est que υ dans une autre position ; F existe dans les anciens alphabets, et les monuments grecs et latins. Ⅎ est le même retourné : inventé par l'empereur Claude, il disparut avec lui. E est F privé de sa partie intérieure. C est le précédent arrondi ; n'est-ce pas l'esprit rude ? 8 (*ou*) paraît souvent dans les monuments étrusques ainsi que E. υ est l'υ grec, prononcé *ou*, son qu'il avait d'abord et qu'il a évidemment conservé dans beaucoup de mots.

3° *Usage du digamma.* — Chez les Grecs, le vau fut dès la plus haute antiquité le signe général de l'aspiration, comme H, qu'il paraît avoir précédé. Son usage, beaucoup plus étendu et plus varié qu'on ne le pense communément, dut être sujet à beaucoup de révolutions; il indiquait l'aspiration, aussi bien la forte que la faible, car on trouve Fαδὺς Fέσπερος, comme Foῖνος Fίδω. Sa valeur *ou*, son à la fois guttural et labial, parce que, tiré du gosier, il vient expirer sur les lèvres, en fait l'équivalent de toutes les consonnes aspirées (φ, χ, θ, σ) avec lesquelles il permute (cf. *William* et *Guillaume*, *war* et *guerre*, etc.), et de *v* qui, dans toutes les langues, s'échange avec *ou*, à cause de leur caractère commun de labialité. Mais *v*, consonne labiale, =*f*, *b*, *p*, *m*. Ainsi *uolgus* ou *volgus* répond au grec éolien Fόλχος (ὄχλος), crétois πόλχος, all. *Volk* peuple, (*pro*)*mulgare*=*pro-vulgare*; Fέργον, πόργος, *Werk*.

Il est étranger à notre sujet de suivre le vau grec dans tous ses emplois; nous dirons seulement que les Éoliens le mettaient sous la forme de β devant les mots commençant par ρ, βρήτωρ βρυτὴρ βρᾶχος βρόδον; et même devant des voyelles, βίτυς pour ἴτυς; dans l'intérieur des mots, sous la forme ϛ, F et υ; ἐλ-ϛ-ὸς βελ-ϛ-ὸς ἔFις ὠFὸν αἰFὼν βοFὸς; αὔηρ αὔως ναῦος αὐτὰρ εὔχηλος δαυλὸς χεύω πνεύω, etc., pour ἀὴρ ἄως ναὸς : au commencement, Fοῖκος Fοῖνος Fίδω Fίταλος.

Frère du grec et fils comme lui de l'Orient, le latin possède aussi le vau antique. Il figure dans l'intérieur des mots, 1° comme U, *miluus, janua, arduus* (73); après *q* et *g*, *lingua, aqua, langueo, linquo* (74); *secui, monui*; 2° comme V, *silva malva divus pluvia levis brevis nocivus cadaver, solvo ferveo, amavi* (75-80); 3° comme B, *herba morbus plebs dubium creber tuber cribrum dolabra amabilis, fabula, tribulum, furibundus*; dans les verbes, *amabam amabo ferbui bibo*; 4° comme F, *frango frigus.* Il existe encore dans un grand nombre de mots, *vicus vinum video vitulus vesper, clavis clavus bovis ravis navis*, etc.

NOTE F. *Sur les adjectifs en* **ndus.**

Soient ces propositions : *scio te legere, volo legere, memini me legere;* dans la première, *legere* exprime le *présent*, dans la seconde, le *futur*, dans la troisième, le *passé*. — Dans *video, vidi, videbo te legentem, legentem* a aussi les trois valeurs.

Le gérondif et l'adjectif en *ndus* suivent la même analogie : *multi legendo non possunt satiari* (Cicéron), lecture présente; *à venando redeo*, chasse passée; *ad ludendum venio*, jeu futur. Si le verbe a un complément, le gérondif prend la forme d'adjectif : *multi legendâ historiâ non possunt satiari, à venandis leporibus redeo, ad gerendam rempublicam accedo.* Les exemples abondent, et il est inutile d'en citer. Il s'ensuit 1° que le gérondif et l'adjectif en *ndus* qui le remplace s'emploient au passé, au présent et au futur, et n'ont par conséquent qu'une valeur relative, comme l'infinitif et le participe dits du présent; 2° que l'adjectif en *ndus* est actif comme le gérondif auquel il répond exactement; 3° qu'il n'en diffère que par sa forme adjective, comme *meus*, *tuus*, etc., de *mei*, *tui;* ou plutôt, 4° que le gérondif n'est que cet adjectif pris au neutre.

Maintenant faut-il en séparer l'adjectif en *ndus* réputé passif? Nous ne le croyons pas. En effet, nous venons de voir que le gérondif-adjectif s'emploie au futur comme au présent et au passé; eh bien! c'est ce même adjectif *actif*, et non *passif*, employé au futur d'une manière déterminée, non en vertu de sa valeur spéciale, mais par la nature même de l'expression et par l'usage : *odia ponenda sunt* (Tacite), *debellandæ sunt voluptates*, *pecuniæ fugienda est cupiditas* (Cicéron): les haines sont à déposer, les plaisirs à combattre, la cupidité à fuir, — le tout au futur actif. Pour compléter l'analogie, rappelons qu'on a dit *amandum est virtutem*, locution à peu près perdue en latin et conservée en grec, φιλητέον τὴν ἀρετήν, il est à aimer la vertu, aimer la vertu est à faire, expression identique à celle-ci, *amanda est virtus*, la vertu est à aimer. Dans tout cela il n'y a pas ombre de passivité. Il faut expliquer de même les verbes neutres ou transitifs, *mihi eundum*, *pereundum*, *moriendum est*, j'ai à aller, à périr, à mourir. Encore un mot : pour admettre qu'*amandum* diffère d'*amandum*, *amandus* d'*amandus*, il faudrait de bien fortes raisons. Ce qui précède prouve invinciblement, ce semble, que tout adjectif en *ndus* est le gérondif actif. — La doctrine du n° 109 serait à réformer en ce sens.

NOTE G. *Sur les composés dits possessifs.*

Après avoir exposé, pour nous conformer à la doctrine reçue, ce qu'on entend par les adjectifs composés possessifs, qu'il nous soit permis d'élever un doute sur la réalité de cette classe de composés. D'abord ici on renonce à la seule base rationnelle sur laquelle repose la classification des composés, le rapport des deux termes, pour s'attacher à l'idée de possession, purement accessoire et résultant exclusivement, ce semble, de la forme adjective de ces mots. En effet, tout adjectif simple ou composé signifie la possession de la qualité qu'il exprime: *venusta mulier*, *Cæsar magnanimus*, signifie, une femme possédant la beauté, César possédant une grande âme : la seule différence, c'est que la qualité est exprimée ici par un mot simple, là par un mot composé, faute d'un mot simple suffisant. — Si dans cette prétendue classe on fait attention, comme dans les autres, au rapport des deux termes, il faut les réunir à celle des composés d'accord, puisqu'il est en général celui d'un nom à un adjectif déterminatif, c'est-à-dire de l'identité partielle, les autres modificatifs, noms, adverbes et prépositions, jouant relativement au nom qui forme le second terme un rôle analogue à celui de l'adjectif, un rôle de détermination. En effet, pour peu qu'on y regarde, on ne trouvera aucune différence essentielle entre les adjectifs composés possessifs en question et les composés d'accord : par exemple, en quoi *tardi-gradus*, composé possessif, diffère-t-il de *multi-loquus*, composé d'accord, *ter-geminus* de *tri-ennis*?

Note H. *Sur la permutation de* **o** *et de* **u**.

O aliquot Italiæ civitates, teste Plinio, non habebant, sed loco ejus ponebant U, et maximè Umbri et Thusci... Multa vetustissimi (Romani) etiam in principalibus mutabant syllabis, ut *huminem* pro *hominem* proferentes, *funtes* pro *fontes*, *frundes* pro *frondes*... U quoque multis Italiæ populis in usu non erat, sed è contrario utebantur O. Unde Romanorum vetustissimi in multis dictionibus loco ejus O posuisse inveniuntur, *poblicum* pro *publicum*, *polcrum* pro *pulcrum*, *colpam* pro *culpam* dicentes, et *Hercolem* pro *Herculem*. — Priscien, lib. I. — Voir Quintilien, I, 6.

FIN.

LISTE DES SUFFIXES ET DES PRÉFIXES.

(Les chiffres indiquent les pages.)

I. SUFFIXES. 1° *Noms et Adjectifs.*

2° *Verbes.*

3° *Adverbes, Particules et Pronoms.*

II. PRÉFIXES SÉPARABLES ET INSÉPARLES.

www.ingramcontent.com/pod-product-compliance
Ingram Content Group UK Ltd.
Pitfield, Milton Keynes, MK11 3LW, UK
UKHW012219240726
13966UKWH00003B/852

9 782013 060011